聖戦布告

イスラムそして宗教

元JNN中東特派員
原田健男
Takeo Harada

文芸社

はじめに

イスラム教徒とキリスト教徒の戦い。それは聖地エルサレムを取り返せと攻めてきた十字軍とイスラム教徒の戦いを頂点に、一〇〇〇年に及ぶ歴史の中で高まっては収まり収まっては高まるという風に繰り返されてきたものだが、しかし、近年の戦いの大きなうねりの始まりは、一九七九年のソ連軍のアフガニスタン侵攻にあるといえるだろう。イスラム教徒は、それをイスラム教国アフガニスタンへの白人の超大国の侵略、無神論者とロシア正教徒たちによる侵略と受け止めた。そして、聖職者でもあるイスラム法学者たちは、「アフガニスタンでのソ連との戦いは、イスラム教徒にとって聖戦である」というファトワー（布告）を出し、ソ連軍への戦いは「聖戦」となった。多くのイスラム教徒志願者による義勇兵がアフガニスタンに集まり、その中にはイスラム各国自身が手をもてあましたイスラム過激派も多かった。

その次は湾岸戦争だった。この戦争はイスラム教国のイラクが同じイスラム教国のクウェートに侵攻した結果、アメリカを中心とした多国籍軍がそれを押し返したものだったが、その結果としてイスラム教の聖地メッカ・メディナのあるサウジアラビアにアメリカ軍が駐留することになった。そのアメリカ軍はイスラエルでのパレスチナ闘争ににらみを利かせることにもなる。アフガニスタンでのソ連軍との戦いに勝ったイスラム義勇軍には、絶好の次の標的だった。こうしてアメリカはアルカイダの次の標的となり、対米闘争が始まった。

そして旧ユーゴ、ボスニア・ヘルツェゴビナ、そしてコソボの紛争もイスラム教徒にとっては「聖戦」に近いものとなった。ここでも、ヒットラーの思想を連想させるセルビアの指導者の民族浄化の動きに、イスラム教徒たちは志願して集まり義勇兵として参戦して、セルビア人キリスト教東方正教徒勢力などと戦闘を交えた。

そして今、サダム・フセイン追放のためイラクに進攻したブッシュ大統領率いるアメリカ合衆国軍とその支援国に対し、サダム残存勢力とイスラム過激派は「聖戦を」とアラブ各国からの志願兵を呼びかけている。アフガニスタンの時とは違って、多くのイスラム聖職者たちは、イラクでのアメリカ軍との戦いを、「聖戦」とは定義づけてはいないのではあるけれども。

二〇〇一年九月一一日、そして二〇〇三年三月二〇日へ

二〇〇一年九月一一日、ニューヨークの世界貿易センタービルやワシントンの国防総省に旅客機が突っ込んでアメリカ同時多発テロが起きたその日が、アルカイダにとっての最大の戦いの日なら、二〇〇三年三月二〇日は、アメリカにとっては反転攻勢の象徴的な日にしたかったに違いない。

現地時間の午前五時半、米英のイラク攻撃が始まった。圧倒的な兵力を擁する米英軍とイラク一国との戦争である。この戦争は、大量破壊兵器を所有するイラクが国際平和にきわめて危険であるとするアメリカのブッシュ政権が、二〇〇一年九月一一日の同時多発テロの経験から、危険除去のためには「先制攻撃も辞さない」というブッシュ・ドクトリン

に基づいて始めたものである。この戦争は「平和主義」の観点からは批判が多く、世界中で大規模反対デモが展開されている。だがこの戦争は起こるべくして起きたともいえるだろう。湾岸戦争に続いて起きていてもおかしくなかったし、今回、もし回避されても近いうちにいつかは必ず起きたに違いない。

それはイラクが自国の力をつけ、拡大を続ける意図と能力を持っているからだ。私には明治以来富国強兵策を取り、欧米列強に追いつき追い越せと産業振興を図り、国家予算の半分を軍事費につぎ込んで短い期間に軍事大国になった日本の姿がイラクと二重写しに見える。かつての日本も自国の力をつけ拡大を続ける意図と能力を持っていた。日本はそのうち必ずロシアとぶつかると見て軍備充実を図り、予想通り日露戦争となった。その勢いから韓国を併合して中国東北部に満州国を設立し、傀儡《かいらい》政権を樹立し国際社会から批判を浴びた。そしてアメリカとの戦争に突入していった。

日本が欧米に負けまいと産業を振興させ、軍事力強化に走り続けた姿はイラクによく似ている。クーデターで王政を打倒した軍に続いて、イラクを治めた民族社会主義を標榜するバース党は豊富な石油収入で産業を振興させ軍事力を強化した。国家予算の半分にも上る軍事予算で中東では屈指の軍事力を持つことになる。その勢いでイランに侵攻、イラン・

イラク戦争を始めた。そしてクウェート侵攻。サダム・フセインはアラブの盟主をめざし、そのことが欧米には脅威となる。かつて日本が歩んだ道とよく似ている。日本には個人としての独裁者はおらず責任者の見えない国だったが。

アラブ各国の人々の大半を占める、特に欧米や日本などに比べ比率の高い、中産階級以外の層の人々の多くは、過去四回の中東戦争のうち三回で負け、結局パレスチナ人を救えなかった自分たちに代わりイスラエルと戦ってくれるのがサダム・フセインであり、欧米に対抗する力を持つ、優れたリーダーと見ている。特に欧米風の生活をする金持ちでなく、敬虔なイスラム教徒にそういう人が多い。彼らには今回の米英のイラク攻撃は「イスラム国家を侵略するもの」であり、その米英は「かつて自分たちの国を植民地にした白人の宗主国」と二重写しとなり、「自分たちの土地への侵略者イスラエルを支援するアメリカ」がアラブ民族を支配しようと攻撃を開始したことになる。

これに対し、アメリカのジョージ・W・ブッシュ大統領は、イラクはイラン、北朝鮮と並ぶ「悪の枢軸」テロ支援国家であるとし、生物・化学兵器など大量破壊兵器を持ち、実際に使用して自分たちに反対する多くの国内の少数民族を殺戮《さつりく》し、またきわめて近い将来核爆弾を開発しようとしており、開発した場合にはテロリストやそのほかのテロ支援国家に渡り、アメリカはじめ欧米各国にテロを仕掛ける恐れがあるとし、今回の対イラク戦争は先手を打つことで被害を防ぐことにあるとしている。

これよりほぼ一年半前、二〇〇一年九月一一日ニューヨークの世界貿易センタービルの二つの棟に、イスラム過激派のアルカイダとみられるグループにハイジャックされた旅客機二機が激突し、三〇〇〇人を上回る人命が失われた。日本人も二四人が異国で命を失った。ハイジャッカーたちはこのほか一機を国防総省に、また墜落したものの、もう一機を別の場所に追突させようとしていた。その標的がホワイトハウスだったという説もある。

これを受け大統領はテロとの戦いを宣言、戦時内閣を組織し冷戦時代のかつての敵、ソ連に代わる新たな敵に宣戦布告した。そしてアフガニスタンを支配するイスラム原理主義のタリバーンに守られたテロ組織アルカイダを掃討、最高指導者のウサマ・ビンラディン逮捕はできなかったものの、アフガニスタンをアルカイダとタリバーンによる支配から解放することに成功した。一九九一年のソ連崩壊以後、イスラム過激派によるさまざまなテロが相次ぎ予感されていたとはいえ、これほどの大規模テロは誰も予見できず、すばやい対応で宣戦布告が行われ「テロとの戦争」が始まったのである。

一九九一年ソ連が消滅し、半世紀にわたった冷戦が終わりを告げようとした時世界は間違いなく緊張緩和による平和が近づくのを予感したはずである。しかし実際はアメリカとソ連という二つの超大国時代とは異なり、コントロールのきかない紛争が依然衰えていない。旧ユーゴスラビアでのコソボなど相次ぐ紛争、アルカイダのアメリカ攻撃、今回の対イラク戦争。そしてそこにはかつて以上に民族主義・宗教が絡まっている。

地球の時計は同時に進む。しかし文化・文明の進展度は地域により大きく違っている。ソ連崩壊後のロシア人のユダヤ人差別再開は、それがかつてのロシア帝国時代への時計の針の逆戻りのようでもあり、旧ユーゴのセルビア人指導者ミロシェビッチのイスラム教徒殲《せん》滅《めつ》思想は、第二次世界大戦時のナチス指導者ヒットラーのユダヤ人殲滅運動とよく似ている。アフガニスタンの群雄割拠は、諸侯が独自の兵を持ち、中央政府が機能していなかった日本の戦国時代のそれとも似ており、イラクのサダム・フセインは日本の織田信長のように怖く野蛮な面を持つ人でありながら、強い個性で国をまとめ引っ張る存在でもあった。

そして富国強兵を推し進め、超大国アメリカと対決するイラクの姿は、同じく西欧列強と対峙した日本の姿と似ている。

イラクは何の疑問も持たず国力強化に励んできた。イラクにはイラクの言い分はあろうが、時代はイラクの言い分を許さないだろう。今は一〇〇年前ではないからだ。しかしイラクをはじめアラブの人々の富国強兵へのマインドが一〇〇年前の我々日本人と似ているとしたら、米英や日本など先に豊かになった国と、まだほとんどが貧しく発展途上にあるアラブやイスラム教徒の国々とはなかなかわかり合えないかもしれない。

世界には依然「豊かな北」と「貧しい南」という南北問題が存在し、その貧富の差は拡大しつつある。そうした矛盾に向かう手段として、かつてのマルキシズムに代わり、民族主義・宗教原理主義は再び力を盛り返してきているかのようだ。

アメリカでの同時多発テロを実行したアルカイダ。パレスチナのハマス、ジハード、イスラム聖戦などのイスラム過激派。中東一円に支持を広げるイスラム原理主義。イスラエルで力を増す宗教政党。いったん西洋化を果たしたトルコのイスラム主義への回帰。ソ連が崩壊したあとのロシアでの宗教回帰とユダヤ人差別再開。社会主義運動が求心力を失った日本でのカルト集団・エセ宗教の拡張。こうしてみると、貧困あるいは社会組織や国家権力のあり方に不満を持つ人々の社会変革の手段が宗教、しかも原理主義に向かっている感がある。しかもイスラム教の国の場合そのほとんどが発展途上であることが、よけいにイスラムを団結させ、豊かな文明を謳歌する欧米や日本に対峙させることになる。

ブッシュ政権はテロとの戦いを宣言したのだが、実はイスラム過激派アルカイダによるこの同時多発テロを受ける以前、すでに政権の重要な政策のひとつとしてテロ支援国家との対決を決めていたふしがある。クウェートを侵略し、イランや国内の少数民族に化学兵器を使い、さらに核兵器開発が近いと見られていたイラク。同じく生物・化学などの大量破壊兵器を持ったうえ、核兵器開発で極東の安全を脅かそうとし、中東や南アジアのパキスタンなどその他の国にミサイル技術などを輸出している疑いがある北朝鮮。依然ひそかに中東をはじめ世界各国のイスラム過激派支援を行い、核開発の野望に向かってまい進しているとされるイランなどをテロ支援国家として、封じ込めを行うか政権転覆を図ることを政権の外交政策の指標にしていた。その後これら三国を「悪の枢軸」と呼び、対決姿勢を鮮明にした。冷戦が終わり二〇〇一年に誕生したジョージ・W・ブッシュ政権は、自国にとっての危険は積極的に介入しその芽を摘むという考え、ブッシュ・ドクトリンを持っている。

これに対し、イスラム過激派などはアメリカをイスラム世界に服従を強いる敵とみなし、イスラム世界やアラブ世界に対決を呼びかける。しかもアラブ各国の国民の間ではイスラム過激派に限らず、米英に対しては反発が大きい。いったいこの対立は今後どのように推移するのだろう。アングロサクソンに代表される白人ヨーロッパの価値観対アラブの価値観となるのだろうか。中世の十字軍対イスラム軍のようにキリスト教徒対イスラム教徒の戦いに利用されるのだろうか。あるいは西洋の価値観対東洋の価値観のような対決の構図になるのだろうか。サミュエル・ハンチントンが予想したように世界を分断する文明の衝突のような対立の構図になるのだろうか。アメリカが始め、日本などもその価値観の社会の一員として支援する対テロ・イラク戦争を通して、ソ連崩壊後の民族主義・宗教原理主義の台頭ぶりと今後の対立軸としての姿を探ってみたい。

筆者は一九八五年レーガン共和党政権下のアメリカ・ワシントンでの研修を皮切りに、一

――はじめに――

九八七年から九〇年までＴＢＳ系で中東を担当するＪＮＮカイロ支局長を務めた。その間、レバノン内戦、イラン・イラク戦争等を取材。その後はチャウシェスク政権崩壊前の東欧ルーマニア、崩壊直前のソ連のユダヤ人問題、一九九〇年のイラクによるクウェート侵攻、二〇〇一年九月一一日のアメリカ同時多発テロを行ったと見られるアルカイダ周辺取材、二〇〇三年のアメリカの対イラク戦争の取材に関わった。また国内では、東京の地下鉄サリン事件や松本サリン事件、坂本弁護士一家殺人事件などを起こし、多くの人々を殺害したオウム真理教の関連取材も担当した。本書はそれらの取材をもとにまとめたものである。

二〇〇四年一月

元ＪＮＮ中東特派員　原田健男

聖戦布告　イスラムそして宗教◎目次

	1991	1月　湾岸戦争（多国籍軍、イラク軍をクウェートから押し戻す）
		12月　ソヴィエト連邦消滅
	1993	2月　旧ユーゴスラビア・ボスニア危機
		9月　イスラエル・パレスチナ暫定自治協定
	1994	タリバーン、アフガニスタンで実権握る
		北朝鮮、国際原子力機関脱退宣言
		6月　オウム真理教、松本サリン事件起こす
	1995	トルコ総選挙でイスラム主義の福祉党第一党に
		3月20日　オウム真理教、東京地下鉄サリン事件起こす
		6月　エチオピアでエジプト大統領暗殺未遂事件（アルカイダ？）
	1997	11月　エジプト・ルクソールで観光テロ、日本人含む58人死亡（アルカイダ？）
	1998	8月　ケニア・タンザニアの米大使館爆破事件（アルカイダ？）
	1999	1月　旧ユーゴスラビア・コソボでイスラム教徒ら10万人大量虐殺
	2000	10月　イエメン・アデン港で米イージス艦爆破17人死亡（アルカイダ？）
	2001	9月11日　アメリカ同時多発テロ3000人以上が死亡（アルカイダ）
		米英軍アフガニスタン侵攻、アルカイダ掃討作戦
	2002	北朝鮮、核兵器所持を表明
	2003	3月　米英軍イラク侵攻
		イスラエルのロシア系ユダヤ人移民、国民の20%に
		10月27日　オウム真理教医師中川智正に一審死刑判決
	2004	2月27日　オウム真理教教祖麻原彰晃に一審死刑判決

<年表>

A.D.	4	イエスキリスト誕生
	30	キリスト十字架で磔死
	44	ユダヤ王国、ローマに降伏。ユダヤ人世界離散へ
	571	マホメット誕生
	610	マホメットに天の啓示（イスラム教成立）
	710	スペイン・トレド、サラセン軍（イスラム帝国）に陥落
	1096	第一回十字軍、聖地エルサレム奪回へ
	1147	第二回十字軍、聖地エルサレム奪回へ
	1917	ロシア革命
	1922	12月　ソヴィエト連邦成立
	1928	エジプトでイスラム教原理主義のムスリム同胞団創設
	1947	11月　国連パレスチナ分割案可決
	1948	5月14日　イスラエル独立、第一次中東戦争
	1967	6月　第三次中東戦争、ヨルダン川西岸・ガザ占領地に
	1979	2月　イラン・イスラム革命
		7月　サダム・フセイン、イラク大統領に就任
		12月　ソ連軍アフガニスタン侵攻、イスラム義勇軍集結開始
	1980	8月　イラク軍、イラン侵攻
	1981	イスラエル空軍機、イラクの原子炉破壊
	1984	2月　オウム神仙の会（真理教の前身）設立
	1988	イラク軍、化学兵器でクルド人5000人虐殺
	1989	2月　ソ連軍アフガニスタンから撤退
		11月　オウム真理教、坂本弁護士一家殺人事件起こす
	1990	8月2日　イラク軍、クウェート侵攻
		ソ連からのユダヤ人大量脱出始まる

トルコ
キプロス
レバノン
シリア
イスラエル
イラク
イラン
トルクメニスタン
アフガニスタン
ヨルダン
バーレーン
クウェート
カタール
パキスタン
リビア
エジプト
アラブ首長国連邦
インド
サウジアラビア
オマーン
スーダン
エリトリア
イエメン
ジブチ
エチオピア
ソマリア
ケニア

第一章　米英の対イラク戦争

（一）西洋VS.アラブ、拡大する強国同士の激突

「アメリカ軍はバグダッドの市場に爆弾を落とし、一五人の市民が死亡しました」。中東カタールの衛星テレビアルジャジーラは、爆弾の落ちた市場を映し、被害者を運ぶ映像を映し出した。エジプトの首都カイロでは、喫茶店や商店など人が集まる場所で衛星テレビが見られるところでは、多くの人々はアルジャジーラを見ている。アルジャジーラは、イラクの民間人の死体や、米英軍の兵士の死体や捕虜をイラク軍が尋問している映像を流す。アラブの人たちには、アラビア語で流れるアルジャジーラは便利で情報の早いテレビなのである。しかしその映像を見ていると、米英軍の残虐さを強調する場面が多いような気がする。また米英側に大きな被害が出たとする、明らかに誇張されたイラク側の主張をそのまま流している。やや日本の戦時中の大本営的だ。アラブのテレビだから当然そうなるのだ

が、アメリカ側から見ればアルジャジーラは反米英と映るのである。しかしこのアルジャジーラの放送より前に元々アラブの人々は反米的で、そうした考えにアルジャジーラの内容が合うから、よけいに人々がそれを見ているともいえなくもない。かように米英とアラブの人々は、いまや対立軸の両極にあるかのようである。

二〇〇三年三月二〇日木曜日現地時間の午前五時半、アメリカ軍はイギリス軍、オーストラリア軍とともに、サダム・フセインが統治するイラクに攻撃を開始した。ブッシュ大統領が最後通告で期限とした四八時間の経過した一時間半後だった。アメリカはなぜイラク攻撃をしたのか。ブッシュ大統領はその理由について、イラクは現在地球上に存在する政権では最も危険な政権で、生物兵器・化学兵器などの大量破壊兵器を持ち、実際に無垢の人々に対し使用し、さらに核兵器も近く完成し、それがテロリストやテロ支援国家にわたる可能性があるとしている。

イラクが生物兵器・化学兵器を所持していたことは国際社会が認めているところだ。一九八八年三月一六日にイラク北部の少数民族クルド族の村ハラブチャに化学兵器爆弾を投下し五〇〇〇人を虐殺したほか、一九八八年まで八年続いたイラン・イラク戦争でもイラン軍に対し数回使用したといわれている。さらにイラクは過去にも核兵器を開発しようとしたが、一九八一年イスラエルの戦闘機の奇襲で原子炉を破壊され、開発は遅れたといわれている。その後も核兵器開発の疑惑があり、特に一九九八年から去年までの四年間は国連の査察を拒否しており、核兵器開発は近いのではないかとも見られていた。

上記のように、アメリカとイギリスは、フセイン政権が化学・生物による大量破壊兵器を所持し、また核兵器を過去に持とうとしたし現実に、開発途中にあるとして危険であるとする。サダム・フセインは、その過去の行動からヒットラーともとらえられるし、スターリンとも言えなくもない。イラクは一九九〇年のクウェート侵攻の際、さらにその南のサウジアラビアの北部の油田地帯にも進攻しようとする姿勢を見せた。世界の石油の埋蔵量の六五パーセント以上を占める中東、その多くを占めるサウジアラビアとクウェートをイラクともにサダム・フセインが握るということは、石油輸入国にとっては大きな脅威となることは間違いない。アメリカは世界戦略上、これを大きな危機ととらえているが、反対に「どういう理由があるにせよ戦争はいや」と考えている国民が大多数の日本が実は、この地域から八割を超える原油を輸入しており一番大きな被害、たとえば原油価格の大幅な上昇といった被害を最も大きく受ける可能性があることを忘れるべきではないだろう。

（二）富国強兵イラクに見る明治日本

イラクのフセインは、クーデターで王制を倒した軍部をさらに倒したバース党という民族社会主義政党に入り、同郷の先輩のあとを受け一九七九年七月大統領に就任した。翌一九八〇年にはイランに侵攻、一九八八年に休戦するまでイラン・イラク戦争は八年間続いた。一九九〇年八月にはクウェートに侵攻し国境線を拡大したが、翌一九九一年二月末には多国籍軍に元の位置に押し返された。このように二度まで自ら戦争を仕掛けたサダム・フセインは、かなり好戦的侵略的な性格を持つ大統領といえよう。一方国内では徹底した独裁体制で恐怖政治を行った。政敵をさまざまな理由をつけて次から次へと粛清し、そのやり方をとらえ彼をソ連に恐怖政治を敷いたスターリンになぞらえる人もいる。また反政府活動をする北部のクルド族の村に化学兵器を撃ち込み、村人五〇〇〇人を虐殺するなどの手法をとらえ、ユダヤ人を収容所のガス室で虐殺したナチスのヒットラーに譬《たと》える人もいる。

国民に対する権力の振るい方も徹底している。私は一九八七年以降、十数回イラクに取材のため入り、日本大使館員や駐在の商社マンらといろいろ情報交換する機会にも恵まれた。例えばこれは、当時のソ連や中国などのほかの共産主義国でも見られたことだが、まず日本大使館や日本の商社が現地の人を雇おうと思っても、すべては政府の紹介となり、スタッフが事実上政府から派遣された監視員のような存在となることである。したがってイラクの国政に関する批判などは現地スタッフのいないところでしなければならない。

また、現地スタッフとのトラブルがとんでもない危険を呼ぶこともある。現地スタッフと仲たがいしたある日本人商社マンは、このイラク人にだまされてお金を知人のイラク人に渡すところをビデオに撮られ、二年数か月の間イラク国内の刑務所に投獄された。

またイラク国民に対しては日本の江戸時代にあったといわれる五人組のような、そのうちの誰かが反政府の言動や活動をした場合には連帯して責任をとらせるという、恐怖政治が行われていた。反政府活動をした者は拷問などを経て投獄され、また処刑され、家族や親族またその「五人組」メンバーも投獄される。二一世紀に未だにそうした封建時代の制度が残っているのである。

フセインはさらに徹底した外国マスコミへの報道管制を敷き、例えば我々の滞在場所は皆決められたホテルだったし、そこの電話はすべて盗聴されていた。バグダッドのホテルの電話は盗聴されていることは以前から言われていたことだが、確かにダイヤル直通でもつながるまで時間がかかるし、つながった時は変な音がする。しかしまさか日本語まで、いつも盗聴されているとは思わなかった。だが、盗聴はしっかり行われていた。ある日、私の妻がカイロの自宅からバグダッドのホテルの私の部屋に電話をかけてきた時のことだ。オペレーターが出たため、妻はホテルのオペレーターと思い私の部屋番号と名前それに自分の名前を英語で言ったところ、「ちょっと待ってください」と日本語で返され、びっくりしたそうだ。多分私のホテルと部屋が、私が入国しホテルにチェックインした時点で情報当局に登録されていて、電話はすべてチェックするためのコントロールセンターにつながられ、そこで同時通訳ができるオペレーターが盗聴し、スパイ行為が行われていないかチェックするのであろう。

このほかホテルのタクシーの運転手は皆、我々がその日どこに行ったかを情報当局に報告していた。かつて化学兵器を作っているのではないかと疑われていた化学工場をひそかに取材したイギリス人記者がいたが、それがイラクの情報当局に露見し、協力したイラク人たちとともにこの記者も処刑された例もあり、軽々と動くのはきわめて危険だ。

また取材にはイラクの情報省の職員が必ず同行した。これもかつて共産主義の国々では

イラクの首都、バグダッド市内

見られた現象だ。これはもちろん記者の取材活動の監視と取材対象の監視それに誘導で、イラクに初めて取材に来た外国の記者には、「国連の制裁で薬の足りない小児病院」「湾岸戦争の劣化ウラン弾で苦しむ人々」「アメリカ軍が湾岸戦争で爆弾を投下し多くの民間人が死亡した場所」などを案内される。ほかに当面自由な取材はできないから、これらを記者は伝える。当然、イラクに有利な情報ばかり伝えるということになる。もちろんこれらは事実だが、これらを伝えるだけでは公平を欠き、イラクは悪くないということになってしまう。

湾岸戦争でイラクがアメリカ軍など多国籍軍の爆撃を受けたのはもちろん事実で、市民が巻き込まれたのも事実だ。しかし、それならばイラクがクウェートに侵攻し、多くのクウェート人を虐待し暴行し、クウェート市民や出稼ぎ外国人などから略奪するなど暴力を振ったことにも触れなければ公正な報道とはいえない。

アメリカが湾岸戦争で劣化ウラン弾を使ったのは事実で、人々がその後遺症で苦しんでいるのも事実だ。しかしそのことを伝えるなら同時に、化学兵器を何の罪もないクルド族に使い、五〇〇〇人も虐殺したことも伝えねばならないだろう。

当時、マスコミがイラク国内で市民にインタビューしても返ってきたのは「アメリカを倒せ」、「サダム万歳」ばかりである。残念ながら私自身も、初めのうちはそれをビデオ取材し、衛星経由で東京に送り放送していた一人だが、そのうち、それが彼らの心の中からの本当の意見ではなさそうだと疑問に思い始め、だんだんそうしたインタビューの数を減らしていった。といっても、サダム・フセインを批判する意見など、同行して監視している情報省の職員の前では取材できないし（彼らは我々を監視するとともに、市民が政府を批判する意見を言わないかどうか監視している）、実際に取材しても当時は衛星送りの前の検閲で削除を命じられた。

こうした事実に基づけばなかなか公平な取材ができず、というより気がつけばイラクに有利な取材ばかりしていることになるのだが、残念なのは、日本からも人々の信頼厚いニュースショーの有名なキャスターもイラクに来て、サダム・フセインを持ち上げるこうした取材をして、「アメリカは悪い」と発言して帰国してしまうようなことが少なくなかったことだ。マスコミの取材は、双方の事実を的確にとらえ、事実を報道することにあるはずだが、残念ながらこうしたキャスターに限らず、特に短期間で取材に来て帰る取材者にそうした例が多かったのも事実だ。

このようにすでに封建主義を脱し、民主主義と経済発展により豊かな社会を築いた欧米や日本から見れば、イラクは野蛮で危険な国ということになる。欧米や日本など先進国の築いた「豊かな社会」を破壊しようと挑戦を仕掛けてくる可能性はある。アメリカの言う「テロ支援国家」になるのに十分な能力と野心を、サダム・フセインが持っているのは事実のようだった。イラクの知識階級から見ても、同様にサダム・フセインは恐怖政治を敷く独裁者だった。

しかし一方でイラク国民の半分以上がそれでもなお、サダム・フセインを英雄とあがめているのも事実のようである。サダム・フセインはイスラム過激派と連帯するかのような発言も多いが、実はそれほどイスラム教に対し熱心な信者であるわけではない。むしろイラクで王制を倒した軍やサダム・フセインの出身母体である民族社会主義政党バース党は、イスラム原理主義とは一定の距離をとってきた。だからこそ石油収入で教育機関を充実させ、軍事中心ではあるが産業を振興し、アラブ有数の殖産国家に成長させることができたのである。イラクの中産階級は湾岸戦争以前には七割から八割いたというから、中東のアラブ社会では最も発展していた国家といってもいいだろう。このオイルマネーをあてにして、エジプトなどからはテクノクラートから建設作業者・農夫までたくさんの出稼ぎ労働者がイラクに集まっていた。

こうした事実から見ればイラクは、同じ石油収入がありながら未だに独自の産業振興が進まず、外国にただ投資を求めるだけの湾岸諸国とは違うことがわかるだろう。イラクがたどったその姿は欧米列強に追いつこうと、富国強兵を掲げ産業を振興し、軍事力の充実を図った明治以降の日本の姿に似ている。国家予算の半分を軍事力につぎ込み、その力で周辺の中国や韓国に侵攻し、東アジアの盟主の地位を窺いながら、結局ロシアと衝突し、ついにはアメリカと衝突してしまった姿に似てはいまいか。

明治日本が他国に侵略する以前は周囲の国から畏敬の念をもって見られていたように、アラブ各国もイラクを畏敬の念を持って見守っていた。アラブ各国は、第二次世界大戦後はイスラエルという共通の敵を持ち、それに対峙していた。エジプトがそのイスラエルと平和条約を結びヨルダンがそれに続き、シリアも力を弱めている今、イスラエルと対決できる力を持っているのはイラクとイランぐらいなのかもしれない。多くのアラブの人から見れば、サダム・フセインこそ弱々しくなったアラブを統一し、引っ張っていく力を持つリーダーなのだろう。

（三）先制攻撃するブッシュ・ドクトリン

アメリカとイラクの戦争の結果、イラクのサダム・フセインの追放は、この地域に大きな変化を及ぼすと見られる。まずアメリカおよび西側にとって、石油を産出するこの地域の安全保障がより安定したものになることが期待されている。もちろんこれは西側先進国と日本の論理だが。この地域では一九七九年四月イランでイスラム教シーア派の原理主義者らによるイラン革命が成功したことから、王制を維持するサウジアラビアなど湾岸諸国は大きな脅威を感じた。そうしたアラブ側の心配を感じ取ったイラクのフセイン政権は、革命の混乱に乗じて一九八〇年九月二二日、イランに戦争を仕掛けたが、八年近く続いたものの結局一九八八年八月二〇日に休戦となった。そして、多大な戦費のための借金を抱える一方、巨大な軍隊を残すことになったイラクは、一九九〇年八月二日今度はクウェートに侵攻、占領して併合を宣言する。イラクはさらにサウジアラビアの原油地帯にも進撃する構えを見せたため、アメリカを中心とする多国籍軍が組織され、翌一九九一年一月一七日、イラク軍からクウェートを取り戻す湾岸戦争が始まった。結局四〇日ほどでクウェートは解放されたが、このクウェート侵攻は湾岸諸国や西側諸国にサダム・フセイン率いるイラクの野望を見せつけた。

多くの石油収入がありながら、自国の軍隊は小規模なペルシャ湾岸諸国は、王国で民主化が遅れていることもあり、当初はイランが革命を輸出するのではないかと恐れていたが、イラクが巨大化し、サダム・フセインの他国に侵略する野望や自国内の国民や少数民族に対する恐怖政治を見るや、大きな脅威を感じてきた。湾岸戦争でイラクが敗退した後もその脅威は依然変わらない。一方、国連や西側各国も、化学兵器や生物兵器を所持し実際に使ってきたイラクに大いなる危機感を抱き、大量破壊兵器の査察活動や米英軍による飛行禁止区域（北緯三六度以北は、主に少数民族クルド族を守るため、北緯三三度以南はイスラム教シーア派を守るのが主な目的である）での監視活動を認めてきた。しかしイラクは一九九八年から約四年間査察活動を拒否したほか、大量破壊兵器の温存を図るなど国連の決議に違反する行為を行ってきた。このままでは核兵器を開発する危険性があると見たアメリカは、危険なフセイン政権の転覆が必要と決断、今回のイラク攻撃となったわけである。

アメリカの心配は、第一義的には、フセイン政権がきわめて危険でアメリカ自身が大量破壊兵器のターゲットになる可能性があることであろうが、その他西側やアメリカの同盟国ともいえる湾岸諸国に再び侵攻したり、イスラム過激派などを支援したりする恐れがあるのも否定できない。こうした安全上の問題のほかに、西側のエネルギー源石油を多く産出するペルシャ湾岸諸国を、サダム・フセインに握られないための措置をとらざるを得ないことがあった。またフセイン政権はアメリカを標的とするイスラム過激派や、大量破壊兵器を使って他国や民族を脅している北朝鮮などのテロ支援国家に、大量破壊兵器を売り渡したり支援する危険性も持っているということになる。

こうした危険を回避する努力はもちろんだが、ブッシュ共和党政権は交渉だけでは結局、危険の後伸ばしに過ぎないとし、「自ら進んで先制攻撃により危険を回避すべき」とするブッシュ・ドクトリンに基づいて行動する考えを持っている。

同様な例として、北朝鮮で一九九四年六月に起こったＩＡＥＡ（国際原子力機関）脱退の危機がある。ＩＡＥＡの制裁決議に対抗して北朝鮮は脱退を宣言、当時のクリントン大統領は、一時は核開発疑惑施設の攻撃も考えたが、カーター元大統領が仲介してＫＥＤＯ（朝鮮半島エネルギー開発機構）を立ち上げ、北朝鮮は核開発を断念することになった。しかし、実際は北朝鮮はひそかに核開発を行い、すでに持っていることが判明した。あの当時北朝鮮攻撃は、一方で三八度線の前線に近い韓国の首都ソウルで多くの人的被害が出ることが予想されたため、韓国の金泳三大統領が大反対した。実際その三八度線の前線を守る駐留アメリカ軍にもかなりの死傷者が出ると予想され、カーター元大統領の調停は危機回避と賞賛された。しかし北朝鮮は二〇〇二年核開発をしていた事実を暴露し、実際にはあの危機回避はその後の北朝鮮に核開発をする時間を与えてしまう結果となったという批判があるのも事実だ。

ブッシュ政権は、こうしたアメリカの民主党前クリントン政権の対話路線を手ぬるいと批判する。そして先に述べたように、自国の安全に大きな危険が及ぶ場合は積極的に介入し、危険の芽を摘むべきだという考えに従って行動するブッシュ・ドクトリンを明らかにしている。

アメリカの過去の行動を見ると、ある時は世界に大きく介入し、ある時は不干渉主義をとるなどさまざまだ。第一次大戦の反省を受けて設立された国際連盟には、結局アメリカは参加しなかった。一九三九年九月一日ナチスドイツがポーランドに侵攻して第二次世界大戦が始まり、ナチスドイツがさらに近隣の国々に次々と進攻していっても、アメリカはなかなか重い腰を上げようとはしなかった。ようやく立ち上がったのは、ヨーロッパの半分近くを占領され、ロンドンがドイツ空軍の爆撃でかなり破壊されてからである。

一九四四年ノルマンディー上陸から反攻が始まるが、数か月後ドイツをヒットラーから解放した時にはすでに、六〇〇万人ものユダヤ人がガス室で殺されていた。その時の、反省から見れば、やはり相手がヒットラーやスターリンならば、積極的に介入すべきだという意見はそれなりに説得力がある。もちろんどこの国にも主権があり、自分が気に入らないからといって勝手に軍隊でその政権を転覆させることは、なかなか他国の理解は得られないだろう。しかしそれが六〇〇万人を虐殺したヒットラーや、数千万人をシベリアの収容所に送ったり粛清をしたりしたスターリンのような存在なら、そうした危険で、国民や自国内の少数民族を虐待している政権は先制攻撃で倒すべきという論理も成り立つかもしれない。ブッシュ・ドクトリンが、本当にそうした正義の実践を行うことになるのかどうか、アフガニスタンでは九月一一日事件の反撃ということでアルカイダとタリバーン掃討作戦を行い、一定の成果を得た。それが結果的にアフガニスタンの民主化を進めることになり、人々に歓迎されているのも事実だ。

しかしこの「先制攻撃」というブッシュ・ドクトリンにはかなりの危険性もある。アメリカは自国に危険を及ぼす政権にはこれまでも積極的に介入し、実際解決してきた例を持つ。ハイチやパナマに侵攻し、反米政権の指導者を逮捕したりして、それなりに成功している。しかし今回のイラク攻撃は、実際には着手が遅すぎたという見方もできないではない。イラクがクウェートに侵攻したため多国籍軍を組織してイラクをクウェートから押し返した一九九一年の湾岸戦争時に一気にバグダッドまで攻め込み、フセイン政権を倒しておくべきだったという意見も少なくない。当時国際社会はクウェートの解放は認めても、バグダッド侵攻までは認めなかっただろうという意見もあるが、逆にあの時バグダッドまで侵攻し、フセイン政権を倒しても、今ほど国際社会の反発はなかったかもしれない。

アメリカはもともと自ら先制攻撃を積極的にする国ではなく、野望を持った危険な国にはまず禁輸などの制裁措置をし、少しずつステップを踏んでいった。そして国民や国際社会の強力な支持を得るためか、あえて相手国に先に攻撃を仕掛けさせるという手順をとったといわれる例も少なくない。一九四一年一二月の日本軍のハワイの真珠湾攻撃の際、アメリカ大統領は日本軍の攻撃を事前に知っていたが、先に攻撃させて国民の戦争支持を取り付けるため傍観していたという研究もある。また一九九〇年のイラクのクウェート侵攻では、直前にイラク軍がクウェート国境に軍を集結させているのを知りながら、アメリカの駐イラク大使はアメリカがイラクのクウェート侵攻には無関心であるかのような発言をしたのも事実だ。これについては何か意図があったのではないかとの疑問が提起されており、日本軍のハワイ攻撃時と同様に国際社会の反イラク包囲網を作るため、あえてイラクの侵攻を事前に封じなかったという意見も存在する。

このようにアメリカは、どちらかといえばこれまで自分から先制攻撃をするということは、特に手ごわい国に対しては慎重であった。しかし九月一一日の同時多発テロというとてつもないテロを受け、次はやられる前に敵を撃てという国民感情をブッシュ政権は巧みに見てとった可能性がある。しかしイラクは強敵で、背後にはアラブ社会とイスラム教徒がいる。フセイン政権の崩壊は間違いないとしても、パレスチナのイスラム過激派との連携テロや、アフガニスタンに侵攻したものの、多くのイスラム義勇軍が集結して結局敗れ去ったソ連のようにならないという保証はない。テロと弾圧の繰り返しで犠牲者が絶えないイスラエルのようにならなければいいがと指摘する識者がいるのも事実だ。

（四）新たな抗争の火種トルコVS.クルド族

さて、強大なフセイン政権の崩壊は、多数ながら政権に弾圧されていたイラク南部のイスラム教シーア派、また北部の少数民族クルド族の行方にも不透明な影を投げかけている。このうちクルド族はイラク、トルコ、イラン、シリアの国境地帯に住む民族であるが、自分の国がなく民族がその四か国に分断されている。クルド族は、それぞれの国で分離独立運動を行い、各国ともそれを弾圧しているためテロが後を絶たない。しかし、クルド族から見れば、自分の国がないことから各国で少数民族として封じ込められているということになり、分離独立は当然の要求だということになる。

イラクのフセイン政権はこうしたクルド族の反政府活動に制裁を加えようと、イラン・イラク戦争停戦五か月前の一九八八年三月一六日、ハラブジャという町に化学兵器爆弾を投下し、およそ五〇〇〇人を殺害した。この大量虐殺を受け、国連はイラクの北緯三六度以北にイラク軍の飛行禁止区域を設け、クルド地域に作られた自治区を空から米英軍で守っている。フセイン政権が崩壊したのを受け、イラク北部のクルド自治区内のクルド民主党やクルド愛国者同盟などは当然イラクから分離独立をめざすことになるだろうが、アメリカはこれを認めない方針だ。最大の理由は、ＮＡＴＯ（北大西洋条約機構）の同盟国トルコが国内にこのクルド族の分離独立を求めるクルド労働者党をかかえ、この党の運動家などがイラクのクルド自治区に潜み、トルコ東北部でテロを行っているためである。トルコは今回のアメリカのイラク攻撃に乗じてイラクのクルド自治区に侵攻し、トルコ政府に対し反政府活動やテロを行っているクルド労働者党の活動家を掃討したい考えだ。しかし、イラクの自治区にせよ、トルコの東北部にせよ、国を持ちたいと願うクルド族の分離独立運動が下火となるのは考えにくく、この地域の火種として残ることは間違いないだろう。

(五) シーア派とイラン

イラクは、クルド族問題とともにもうひとつ、南部のイスラム教シーア派問題を抱えている。フセイン政権は、宗教的には原理主義ではなく、民族社会主義を掲げるバース党政権だった。もっとも、サダムが政権をとってからは、政敵を次々と粛清し、「チグリスの殺し屋」、「血塗られた独裁者」と恐れられたほどで、その政敵を粛清する手口と民衆をスパイ網で監視し、反政府活動が明らかになると本人を拷問などで死に至らしめ、家族や親族を投獄するなど連帯責任をとらせる方法は、ソ連のスターリンの手法と似ていた。

さてサダムの政権は宗教的な性格はそれほど強くはないものの、イスラム教スンニ派であった。これに対し、イラクでは南部を中心にイスラム教シーア派がおり、イラク人口の三分の二を占めている。多数派のシーア派がイラクでは、支配される方の側にいた。イラクのシーア派が大きな位置を占めているのは、数だけではない。イラン・イラク戦争の相手国でもあるイランはシーア派が九五パーセントと大多数を占める国で、イラクのシーア派に大きな影響力を持つ。そのうえ、イラクにはカルバラというシーア派の聖地がある。マホメットがイスラム教を創《はじ》めて以来、四代目の時、誰を次の後継者にするかで内部対立が起こり、殺されたマホメットの孫を始祖とするのがシーア派だが、殺した方はスンニ派で、それ以来シーア派はスンニ派に対し特別な感情を抱き続けているわけである。このイラクのシーア派がイランと結びつけばイラクを動かす力となるため、イランをテロ支援国家とみなすアメリカはそれを恐れている。

このようにイラクは　北部のクルド族、イスラム教スンニ派、南部のイスラム教シーア派と大別すれば三つの民族・宗教派閥に分かれている。これが戦争後に分割されると、クルド族自治区については、独立にトルコが反対するだろうし、シーア派についてはイランと結びつく可能性が高いので、アメリカは反対するだろう。分割はこの地域の不安定要因になる恐れがあり、なかなか難しいところだろう。

第二章　アフガニスタンで変わったイスラム過激派

（一）ソ連侵攻でイスラム義勇軍集結

一九七九年一二月二七日、ソ連はアフガニスタンに侵攻し、イスラム国家にソ連寄りの政権を樹立させた。これを受け当時の冷戦の相手アメリカはさまざまな制裁をソ連に科し、日本をはじめ西側の多くの国がモスクワオリンピックをボイコットしたことが、日本人には記憶に残っているであろう。しかし中東をはじめ世界各地のイスラム諸国と人々にとっては、ソ連のアフガニスタン侵攻は「イスラムの国への侵略」として映った。アメリカも反ソ連の立場から反政府勢力を支援したが、イスラム各国では、イスラム指導者らがアフガニスタンを守るためイスラム教徒に義勇軍として参加するよう呼びかけた。

エジプトやサウジアラビアなどイスラム国では、イスラム教のモスクでお金を集め寄付する習慣、ザカート（喜捨）があるが、これらのお金の一部もアフガニスタンでソ連軍と戦うイスラム勢力に送られた。エジプトは国内に「ジハード団」や「イスラム集団」などのイスラム原理主義過激派をかかえ、彼らの反政府活動や外国人観光客襲撃などに頭を痛めていたが、これら反政府活動をした容疑者を国外追放にした。彼らの多くが、次のターゲットを「エジプト政府」から「無宗教の侵略者ソ連」に変え、アフガニスタンに義勇軍として入っていった。

二〇〇一年九月一一日のアメリカ同時多発テロを起こしたとみられるウサマ・ビンラディンも、そうした一人である。彼の活動に手を焼いたサウジアラビア政府は、国外追放とし、ビンラディンはアフガニスタンに向かった。そこで彼らは、イスラム義勇軍としてソ連を相手に戦うことになる。イスラム義勇軍には、このようにエジプトやサウジアラビアをはじめアラブ各国から若者たちが集まった。もちろんその中には、国を追われたイスラム過激派も少なくなかったのである。

(二) ソ連崩壊、新たな敵はアメリカ

しかし一九八九年ソ連がアフガニスタンから撤退すると、彼らは「同胞のイスラム国を

侵略する無宗教のマルキスト」という大きな敵を失った。彼らの多くはエジプトなど故国に帰って行ったが、故国ではやっかいもので再び当局の激しい弾圧に遭う。そして、当局からまた国外追放されアフガニスタンに帰って行った者も少なくなかったようだ。その後湾岸戦争が起こり、イラクの侵略を受けたクウェート、バーレーン、カタール、アラブ首長国連邦、オマーンなどもともとイギリス軍やアメリカ軍に基地を提供している湾岸の小国は当然のように米英支持となる。もともとこれら小国は多くの原油を産出しながら強い軍隊を持っていない。近隣の各国エジプトやイラク、イランなどのように強力な軍隊を持つと最後にはクーデターを起こされてしまうという心配があり、王制を守るためあえて強い軍隊を持たず、領土への野心のないイギリスやアメリカに基地を提供し守ってもらうという形をとっている。自国の軍隊より米英軍を信頼しているということになる。それに加えメッカ、メディナという聖地を抱えるイスラムの聖地守護者サウジアラビアまでが、対イラク戦のために国内に米軍基地建設を認めたのである。

湾岸戦争でアラブは、「独裁者で侵略者イラクとそれを支持する国々」、それに「イラクに対抗する湾岸諸国」というふうに二つに分かれることになるが、湾岸戦争が終わっても、イラクの飛行禁止区域監視活動やサウジ防衛を根拠に、アメリカはサウジの駐留空軍基地を引き揚げなかった。

その後、一九九四年になってアフガニスタンを支配した原理主義者の組織タリバーンとアルカイダが結ばれる。そしてイスラム過激派は、特にウサマ・ビンラディンの祖国サウジアラビアからいつまでも撤退しないアメリカを標的にし始めるのである。

ウサマ・ビンラディンがなぜテロの標的をもともとの標的「腐敗した自国サウジアラビア政府」から「アメリカ」に変えたかはわからないが、その方がよりアラブ及びイスラムの人々の広範囲な支持を受けると考えたからかもしれない。アラブの人々の妬みと羨望そして憎しみの対象である超大国アメリカの方が敵としては申し分ないということなのかもしれない。

また、アフガニスタンにはエジプトからも、国外追放を受けたイスラム過激派が義勇軍として参加していた。イスラム原理主義集団「モスレム同胞団」から分かれて過激なテロ闘争を続ける「ジハード団」と「イスラム集団」である。このエジプトの二大過激派組織は、ともに政府から非合法組織に指定され、幹部は国外追放されたり、自ら国外に逃れたりしていた。そしてヨーロッパにも拠点を持っていた。その指導者の一人が、ウサマ・ビンラディンの側近でアルカイダの副官、あのアルカイダの映像にいつもウサマの隣に写っていたアイマン・ザワヒリである。医師でもある彼は、反政府活動で何度も投獄され、アフガニスタンでウサマ・ビンラディンたちとアルカイダを結成した。ウサマの反対側によく座っていたモハメッド・アーティフ軍事司令官もエジプト人だ。彼はアフガニスタンの米英軍の攻撃で死亡したと伝えられている。

もちろん、アメリカ同時多発テロを起こした当日の四機の旅客機に乗っていた一九人の犯人グループリーダー、モハメッド・アタもエジプト人だ。ドイツのハンブルグの大学で建築を学んでいたがアルカイダにリクルートされ、旅客機による特別攻撃を指揮している。この時旅客機に乗っていた一九人のテロリストのうち、少なくとも六人はサウジアラビア人だった。

ウサマ・ビンラディンは、その後、一九九八年八月七日に起きたケニアとタンザニアのアメリカ大使館爆破事件、二〇〇〇年一〇月一二日に起きたイエメンのアメリカ・イージス艦爆破事件にも関与したと見られており、アメリカはタリバーンに引渡しを要求、国連安全保障理事会もビンラディンの第三国への引渡しを求める決議をしていた。

そこに、二〇〇一年九月一一日ニューヨークの世界貿易センタービルに航空機が突っ込むなどアメリカ同時多発テロが発生、ウサマ・ビンラディンが犯行を認めた。これをアメリカは宣戦布告と捉え、ブッシュ大統領は「テロとの戦争」を宣言した。

ソ連が崩壊した時、これからは局地的戦争となるものの、多くは超大国アメリカと国連の枠組みで取り組めば、ソ連時代のような脅威にはならないというのが、一般的な見方だった。しかし、航空機を乗っ取り乗客もろとも高層ビルに突っ込むという予想もしないやり方は、世界中の人々を恐怖に陥れた。同時にアメリカの政権に、本気でテロリストを捕まえていなければ今後どんなテロが発生するかわからないという気持ちを起こさせた。テロの対象はアメリカである場合が多い。テロから一か月後、二〇〇一年一〇月七日に始まったアフガニスタン介入は、テロリスト、ウサマ・ビンラディンとイスラム過激派アルカイダ、それにそれをかくまうイスラム原理主義を標榜する政権タリバーンを掃討し、アフガニスタンに穏健な民主主義政権を誕生させることにあった。数か月で戦争は終了し、タリバーンは崩壊、アルカイダは再び地下にもぐった。

エジプトの首都、カイロ

(三) 日本人もアルカイダの敵?

二〇〇一年一〇月中旬、あのアメリカ同時多発テロから一か月後、私はカイロで、アルカイダを率いるウサマ・ビンラディンに会ったという人物を訪ねることができた。その人はエッサム・デライズさん。ソ連軍の撤退前の一九八八年から九八年にかけて、アフガニスタンの山岳地帯を移動したり、洞穴で生活したりするウサマ・ビンラディンに同行し、映像を撮影していた。

なぜ彼はそういうことができたのか。彼は以前はエジプト軍で情報将校をしていたという。早速その映像を彼から入手して日本に送り、TBSで通常ニュースや「報道特集」「筑紫哲也ニュース23」などで何度となく放送した。山岳地帯を仲間と歩き、洞穴で生活するウサマ・ビンラディンのあの映像である。

デライズさんは言う。「当時、ウサマ・ビンラディンはテロリストではなく、ソ連と戦ういいイスラム教徒でした。杖をたよりにアフガニスタンの山岳地帯を歩いていました。一九九〇年に初めてアメリカを批判するスピーチを行い、イスラエルを支持するアメリカを非難していました。今回の対米ゲリラ闘争では、彼は殺されるまで戦うことでしょう」

ところで、ウサマ・ビンラディン率いるアルカイダは、遠く離れた極東の日本とも無縁ではない。九月一一日のテロでは銀行マンら日本人二四人が、あの世界貿易センタービルで命を失った。ニューヨークの世界貿易センタービルはウォール街にも近く、多くの日本の銀行が支店を置いていた。日本の都市銀行はバブル期に人員スタッフの数を増やし、地方銀行もニューヨーク支店や事務所を展開した。私がかつてニューヨークの知人を訪ねた時、その人の夫も、この世界貿易センターにある都銀の支店に勤務していた。あれが二〇〇一年だったらと考えると、ぞっとする。

私の故郷、岡山の中国銀行もこのビルの中に支店を置いていたが、乗っ取られた旅客機が突っ込んできた階よりわずかに外れていたため、大急ぎで避難し、全員助かったそうだ。しかし誰が予想しようか、ビルの崩壊で多くのアメリカ人や他の国の人々も多く亡くなり、日本人も二四人が命を落とすとは。日本のバブル経済も崩壊して一〇年が過ぎ、日本の銀行の支店も規模を縮小したり、撤退したりしつつあった時だ。今回死亡した日本の銀行マンの中には、支店を閉鎖する準備をしていた地方銀行のスタッフもいた。

ルクソールの観光客襲撃現場でレポート中の筆者

日本人がアルカイダのテロに巻き込まれたのは、これが初めてではない。アメリカ同時多発テロの三年一〇か月前、一九九七年一一月一七日のルクソール事件で日本人の被害者が出ている。この事件は、エジプトの首都カイロから南に五〇〇キロのところにある古代遺跡のある観光地ルクソールのハトシェプスト女王葬祭殿で、イスラム過激派が外国人観光客に向けて銃撃し、観光客五八人が死亡したものだ。この中には新婚旅行中の日本人観光客一〇人が含まれていた。

犯人は六人だったが、その後わかったのは、犯行はエジプトの二大過激派組織のうちのひとつ「イスラム集団」によって起こされ、首謀者はアフガニスタンでアルカイダに加わっていた、このイスラム集団の軍事司令官ムスタファ・ハムザであることだった。さらに六人の犯人グループのリーダーは、アフガニスタンで訓練を受けていたアブドゥル・ラーマンであることがわかった。エジプトの観光地で起きたテロも、アフガニスタンのアルカイダの犯行だったわけである。そして日本人も欧米などの人々と同様、豊かな国々の国民としてテロの対象になることがあらためて明らかになった。日本が直接の対象になるというのではなく、アメリカやヨーロッパの国々や人々と先進国としての交流がある中で、日本人もテロに巻き込まれる可能性が高いという意味である。

東京、秋葉原の電気街

日本とアルカイダのつながりといえば、一九九七年一一月のエジプトのルクソール事件の二年前、一九九五年六月にエチオピアの首都アジスアベバで起きたエジプトのムバラク大統領暗殺未遂事件の犯行グループメンバーのアジトから日本製無線機が発見されたこともあった。アジスアベバで開かれる予定の国際会議に出席するため、空港に着いた大統領が車で市内に向かう途中、突然別の車が突っ込んで大統領の車を停車させ、銃撃が始まった。大統領車の運転手はすぐさま車を反転させて再び空港方面に逃げ、大統領は事なきを得た。その後の警察の捜査で、犯人グループのアジトからこの日本製の無線機が見つかり話題を呼んだが、当局者を驚かせたのは、その後の調べでアルカイダの武器調達担当者の一人、モハメッド・ハリド・サリム容疑者がその事件の前に来日し、秋葉原で一〇〇〇台に及ぶ日本製受信機を購入、アジトで見つかった無線機はその一部らしいということだった。

ルクソール事件を起こしたエジプトの過激派組織「イスラム集団」は、反政府テロを続けていたものの、エジプト国内の警戒が厳しいことから、ムバラク大統領襲撃の場所を国外に選び、武器もパキスタンなどからスーダンのハルツームに送り、そこから国境を越え陸路からエチオピアのアジスアベバに運んだと見られている。しかし彼らの大統領暗殺計画は失敗し、その二年後今度は、観光客を襲うルクソール事件を起こすのだが、その時も、武器はスーダンから持ち込まれたと見られており、スーダンにすでにエジプトのイスラム過激派やウサマ・ビンラディンを支援する土壌があったとみるべきだろう。貧しい国スーダンではウサマ・ビンラディンが水道工事を行ったり、農業の土地改良事業を行ったりしており、イスラム過激派との関係はすこぶる良かったと見られる。

さて日本ではそうこうするうちに、今度は東京に潜伏していたアルカイダのメンバーと見られる男が警視庁に逮捕され、強制送還された。

二〇〇三年一一月五日（水）の産経新聞朝刊によると、男はパキスタン国籍の二九歳の男で、警視庁は二〇〇二年五月二九日に荒川区東尾久の自宅など関係先を捜索、ウサマ・ビンラディンの写真やテロを「ジハード（聖戦）」として正当化する内容の文書を発見、押収したとしている。さらに男は海外のアルカイダやイスラム過激派集団と連絡を取っていた事実が判明、男を入管法違反の疑いで逮捕、起訴するとともにシンパと見られるパキスタン人七人も同様の容疑で逮捕したとしている。二九歳の男は東京地裁で二〇〇二年八月一六日に懲役二年執行猶予五年の判決を受け、強制送還されている。

また同じ日の産経新聞は、二〇〇三年三月にアメリカ同時多発テロの主犯格としてパキスタンでアメリカ当局に逮捕されたアルカイダの最高幹部の一人ハリド・シェイク・モハメッドが、アルカイダが創設される前の一九八七年七月に来日し、三か月間滞在して静岡県内の建設機械メーカーで削岩機の技術研修を受けていたことを報じている。

二〇〇一年九月一一日のアメリカ同時多発テロでは、実行犯リーダーのモハメッド・アタらがアメリカの航空機操縦学校で訓練を経た後、実行に移しているが、日本でもイスラム過激派がテロのための技術を研修で習得した可能性がでてきたことで、日本もイスラム過激派のテロが遠いところでの出来事とはいえなくなった。

イスラム過激派アルカイダの真の標的は、彼らの「イスラムの地を侵略した敵イスラエル」と「それを支援するアメリカ」だ。では、日本の立場はというとなかなか微妙なものがある。すでに触れたように日本は明治以来、富国強兵に走り欧米列強に肩を並べようと産業を興し軍事力を強化拡大した。しかしその結果その軍事力で周囲の国を侵略し始めた。これを危険な拡張主義と見た欧米特に米英は日本に制裁を科し、結局戦争に進んだ。アラブの国から見れば、実はこうした強い軍事力を持つ日本は彼らの見本でもあるのだ。

日本に侵略された中国や韓国・東南アジアの国々から見ればとんでもない話だが、日本に侵略された経験のないアラブ各国からすればそうした評価になったりする。さらに巨大な国アメリカに挑戦し若い兵士の命を捧げた「神風」攻撃も尊敬の対象だ。イスラエル国内でイスラム過激派が行う「自爆テロ」は日本の「神風特別攻撃隊」と同じように、人間の命ごと敵に突っ込み自爆する。こうした自爆テロは欧米では見られず、戦前の日本と今のイスラムのマインドは似たところがあるのかもしれない。

しかしこの戦前の日本の拡張主義や人間の命を「神風」特別攻撃で散らすなど、欧米の価値観からすれば「野蛮」以外の何物でもない。日本は戦後、産業を軍需中心から民需中心にして「豊かな社会」を築いたが、依然そのマインドは欧米とは大きく異なり、何かあればすぐに日本異質論が出たりする。

よく考えれば、戦前アメリカが日本に感じたのと同様な脅威を、今アメリカはイラクに感じているのかもしれない。つまり帝国主義・拡張主義の軍事大国の脅威だ。それが大国アメリカを脅かすか、近い将来脅かす危険性があるならアメリカは放置はしないということになる。力と力が、一方は石油やその他の富をめぐって収奪しようとして、そして一方は収奪されまいと、それを阻止しようとして衝突するのである。

さてその日本だがアメリカの前に敗退、戦後は他国を侵略する能力を持たない自衛のための最小限度の軍隊と民主主義を標榜する国家として生まれ変わった。戦前の日本なら「アラブの盟主イラク」側に立ち、応援しているかもしれない。独裁主義・全体主義のナチスドイツやムッソリーニのイタリアと手を結んだくらいだから、今のようなイラクが当時存在したら、そのマインドから四国枢軸になった可能性は大いにあっただろう。

しかし今の日本は軍事的にはアメリカの衛星国家のような存在で、アメリカに従うしか道はない。日本人は「豊かな社会」を謳歌し、再び強大な軍事力を持つことには消極的である。そして当然ながらアメリカと同様な価値観、民主主義・反独裁主義を共有する。イスラム過激派から見れば日本は正面の敵でなくアメリカの追随者にすぎず、これまでのところ、積極的にテロの対象にはなっていない存在である。ただ、欧米と同様「豊かな社会」を謳歌する日本は、アルカイダの第一の標的にはならなくても、「豊かな先進国」とその仲間として、テロに巻き込まれる危険性は大いにあることを知っておくべきだろう。

第三章　なぜアメリカはアラブで嫌われるのか

（一）九月一一日のショックとイスラエル支持

九月一一日、ニューヨークの世界貿易センタービルに航空機が突っ込んだ時、パレスチナでは喝采する人々が多くいたという。犯行がアラブ人により行われたことがわかった時、パレスチナ以外の中東各国でも拍手喝采したアラブ人が少なくなかったという。今でも、ウサマ・ビンラディンを英雄として称えるアラブの人は少なくない。アラブの人たちはなぜ、ここまでウサマ・ビンラディンを称えるのだろうか。ひとつには反白人社会、反アメリカの思想がある。アラブ各国はその多くが、かつてヨーロッパの国に支配された経験を持つこととと関係があるかもしれない。

例えばエジプトの場合、一八七六年から半世紀あまりイギリスに植民地化されていた。イギリスの植民地あるいは保護領だったのはイラク、ヨルダン、イラン、クウェート、バーレーン、カタール、イエメン、イスラエル、パレスチナなど。またフランスは、シリア、レバノン、アルジェリア、チュニジア、モロッコなどを支配下に置くなどしていた。またリビアはイタリアの植民地となった。また古くは、聖地エルサレム奪還を図ろうと攻めてきた十字軍とアラブ人イスラム教徒が戦った歴史がある。

もともと中東のエジプトやメソポタミア（今のイラク）は古代文明の発祥地で、今の欧米の文明の始祖地でもある。またアラブ・イスラム文明は、全盛時はヨーロッパよりも高い文明を誇っており、ヨーロッパ文明はイスラム文明から少なからず吸収したのも事実である。しかしその後勃興したヨーロッパ文明に、アラブは追い越されてしまった。その結果がイギリスやフランスなどによる植民地化だった。

今アラブの人々は、キリスト教徒およびヨーロッパの白人に対し、ある時には自分たちより豊かな社会を築いた人々として「羨望」「妬み」の感情を抱き、ある時は「侵略者」「敵」として意識する。そこには長い確執があった。

一方米ソ冷戦は、アラブの国を真っ二つに分けた。すなわち、社会主義・民族主義を標榜するエジプト、イラク、シリア、アルジェリア、リビアなどはソ連陣営に所属し、ソ連の経済・軍事援助を受けた。一方サウジアラビア、湾岸諸国、ヨルダン、モロッコなど王国とユダヤ教のイスラエルはアメリカ陣営についた。

イスラエルは一九四八年五月一四日建国宣言した。紀元七〇年ローマ人にエルサレムの神殿を破壊され、二世紀ごろから世界に離散を始めたと言われているから、およそ二〇〇〇年ぶりのユダヤ人国家建国である。イスラエルの建国は国連総会で決議された。ナチスドイツに収容所に送られユダヤ人六〇〇万人が死んだ忌まわしい事実が明らかにされてまだ数年しか経っていなかった。このため国際社会はユダヤ人に同情的で、アメリカもソ連も国連もイスラエルとパレスチナの二つの国の建国を認めたのである。しかしアラブ側はこれを認めず、イスラエルの建国宣言と同時に攻め込んだ。それ以来四度の中東戦争を経て今日に至っている。

アラブの人たちは、なぜアメリカを快く思わないのか。その最大の理由は四度の戦争を戦った自分たちの敵、イスラエルを支援する存在であることである。アラブとイスラエルは四度の中東戦争を戦ったが、アメリカはイスラエルに経済援助を送る一方、サウジアラビアなど湾岸諸国の王国と石油の利権を通じて良好な関係を持ってきた。その後一九七三

エルサレム旧市街

年の第四次中東戦争の後、一九七九年エジプトがイスラエルと平和条約を調印、一九九四年ヨルダンもイスラエルと平和条約を結んだ。エジプトがイスラエルと平和条約を結んでから二四年の歳月が経っているのだが、エジプト政府とイスラエル政府は未だに、お互い注意深く監視しあう仲だし、国民となると、まずイスラエルの国民はイスラム過激派の攻撃対象となるので、危なくてエジプトをおちおち観光できない。エジプトの方も、新聞などは連日「イスラエルのパレスチナ人弾圧」と報じ、多くの人々はパレスチナ寄りで反イスラエルである。

私のカイロ支局時代（一九八七～九〇年）、こういうことがあった。支局の運転手が、私がいつイスラエルに出張したか、エジプトの情報当局から事情聴取を受けていることがわかった。運転手は定期的に、当局に呼び出され聴取を受ける。そして金を渡されていることもわかった。しかし運転手を責めても仕方がない。外国のジャーナリストは（多分国内のマスコミも含めて）皆、調べられているのである。しかし、だからといってどうということはない。エジプトとイスラエルは国交があり、何も非合法ではないからだ。ただかつては敵国であるイスラエルとは、未だにそういう関係であるということである。

さて、エジプトやその他のアラブ各国の人々は、同胞のアラブ人であるパレスチナ人が、イスラエルの占領地でイスラエルの戦車に蹂躙《じゅうりん》されているのを苦悩をもって見守っている。イスラエルの占領地では、パレスチナの過激派が対イスラエル闘争を続けており、以前は石によるインティファーダ（抵抗）だったが、パレスチナに暫定自治が行われている今は、銃や自爆テロに変わっている。イスラエルはテロを受けると必ず反撃をする。テロを行ったと見られる過激派のグループの根城を攻撃し、自宅をブルドーザーで破壊する。どちらが先とも知れない攻撃の応酬である。しかしもちろんイスラエルの方が軍隊が出動し、戦車や装甲車などで対抗するため、パレスチナ側の方が被害が大きい。この状態を一日も早くやめ、イスラエルと占領地のパレスチナ国家に分けるしか解決法はないように見えるが、パレスチナのハマスなどの過激派は自爆テロなどの闘争をやめない。これにイスラエルはまた反撃するので、いつまでたってもなかなか戦闘停止とならないのである。

アラブの人々は、この状態が続くのは「アメリカがイスラエルだけを支持し、攻撃の応酬を放置しているため」と見ているようだ。こうしている間もパレスチナ人がどんどん死んでゆく、それはイスラエルがやっていることだが「アメリカが背後にいる」ととらえている。私にはイスラエルがやっているのは過剰防衛にも見えるが、パレスチナの過激派もいつまでもテロ路線で多くの同胞を自爆テロのテロリストとして死なせているし、たいていテロの対象はイスラエルの一般人であることを考えれば、一概にイスラエルだけが悪いとも言えない。それにパレスチナの殺し合いを複雑にしているのは、イスラム過激派の背後に、国家の姿が見え隠れするからだ。イランやシリアなどが支援しているといわれており、それが事実とすれば、一般のパレスチナの人々の平穏な生活を考えないテロ支援国家の所業といわざるをえない。

(二) アメリカの湾岸王国支持

アメリカは中東でイスラエルを支援しているが、一方で湾岸諸国つまりサウジアラビア、クウェート、アラブ首長国連邦、バーレーン、カタール、オマーンも支援してきた。いずれも王国で、イラクやシリアなどとは体制を異にする。サウジアラビアやアラブ首長国連邦、クウェートなどは、多くの原油を産出するエネルギー供給国として重要な地位を占め

クウェート市内（1988 年）

ている。日本も原油の多くを中東から輸入しており、毎日超大型タンカー数隻がペルシャ湾から日本に向けて出港している。ペルシャ湾を出港したタンカーはイランとアラブ首長国連邦の間のホルムズ海峡を通過、そのあとインド洋を通り東南アジアのマラッカ海峡を通過、二週間かけて日本まで運んでくる。一日三隻が中東を日本に向けて出港するとして日本までおよそ二週間の旅だ。往復約一か月と単純に計算しても、一か月およそ九〇隻の超大型タンカーが中東との間を行き来していることになる。アメリカにとってだけでなく、日本にとっても重要なエネルギー供給源なのである。

アラブ各国とはアラブ連盟に加盟している二二の国と機関（PLO）をさすが、アラブ諸国といっても王制を倒して民族社会主義を打ち立てるなどしたエジプト、シリア、イラク、リビア、アルジェリア、イエメンなどと、王国であるサウジアラビア、アラブ首長国連邦、クウェート、バーレーン、カタール、オマーン、モロッコ、ヨルダンなどとは体制が完全に異なるのである。

こうした石油収入で豊かな金持ち国と、石油の出ない貧乏国の間には当然ながら溝があるが、石油の出る王国内部にも富の多くを王族が独占しているとの批判は根強い。しかも議会すらなかったり、あっても開かれないまま停止したりしている例さえある。このため、すでに王制を倒し民族社会主義に移行した上記のエジプト、シリア、イラクなどには、依然権力と富の支配に王家が関与する湾岸諸国に対する批判が強い。しかもこれらの王国は、自国の安全保障をアメリカやイギリスにゆだねている。

バーレーンにはアメリカの第五艦隊の基地があるし、カタールにはアメリカの空軍基地、オマーンにはイギリスの海軍基地がある。イラク侵略を受けたクウェートは陸海空とアメリカ軍の駐留に全面協力している。これら王国からすれば、エジプトやイラク、シリアなどのようにやたら強力な軍隊を作ってクーデターを起こされるより、そうした野心のないアメリカやイギリスに守ってもらった方が安心できるということになる。

またアメリカからすれば石油を産出するこれらエネルギー戦略上重要な国々とは友好関係を持ち、軍隊を駐留させることでこれらの国の体制を守り、反米反英政権ができるのを防ぐことができるということになる。それに加えソ連が存在したころは社会主義勢力の革命も防ぎたかったに違いない。そういう意味では湾岸諸国の王国と米英は、安全保障上の利害が一致しているのである。

しかし湾岸諸国の国民から見れば、いつまでたっても政治的自由がなく王家ファミリーが権力を握り続けることに当然ながら批判は強い。アメリカがその王政を後押ししているので石油収入など富の多くは王族が握り続け民主化が進まないということになる。こうした理由で王国の政府は米英寄りでも、イスラム過激派は逆に反米反英となる。ここにイスラム過激派がアメリカをターゲットにし、民衆がそれを支持するという構図ができあがるのである。

(三) エジプトなどの貧困、南北問題の拡大

エジプトの人たちがアメリカを嫌うもうひとつの大きな理由は、自分たちが貧困状態に置かれていることと関係があるかもしれない。

エジプトの一人当たり国民総生産は、一九九九年のデータで一四〇〇ドル。アメリカの三万六〇〇〇ドルのおよそ二十二分の一、日本の三万二二三〇ドルの二十三分の一にすぎない。外国からの主な収入は観光とスエズ運河通行料、コメと綿花などの輸出品ぐらいで、エジプトにはそれほどの大きな産業もない。しかもこれはほかの発展途上国にもいえることだが、気候が厳しく、なかなか先進諸国のように働けない。エジプトの場合、夏は気温が

エジプトの首都カイロ（2003 年）

カイロの若者

四〇度近くになることも珍しくない。湿気がないので日陰に入れば涼しいが、しかし夏の日なたの暑さは労働意欲を減退させる。

カイロの都市生活者の労働時間は、かつては公務員の場合午前八時ごろから午後一時ごろまでであった。暑いので朝早く働き始めて昼過ぎにはやめ、帰宅して午後二〜三時ごろに昼食を家族一緒にとるというのが通例だった。これでは、一日の労働時間は五時間ぐらいとなってしまい、先進国との経済格差はますます広がるばかりだ。

もっとも政府機関に働く人間が多すぎるため当然給与が安く、この仕事だけでは食べられないので、午後はたいていの人はタクシーの運転手をしたり、ホテルの手伝いをしたり、店に勤めたり、他の会社に勤めるなど別の仕事を持っていることが多い。また、給料だけでは食べられないので賄賂を要求したりすることも多くなり、公的機関が腐敗しやすくなる。

ある日カイロで車の購入の登録に行ったら、明日また来いという。翌日行くとまた「ボクラ」（アラビア語で「明日」という意味）。翌々日にもボクラ。よく見ると窓口にいるはずのスタッフが、朝出勤してきてタイムカードだけ押してアリバイ作りをして次の別の仕事に行っているということだった。書類を早く回してもらうには「バクシーシ」つまり袖の下が必要で、最初から書類を出す時に書類の下に隠して一定のお金を渡す必要があると助手がささやいた。これは私が実際に経験したことである。

またこれは宗教行事だから仕方のないことだが、昼前・昼過ぎ・夕方などあわせて一日五回のお祈りをするため、店などその時間には鍵を閉めてしまうことが多い。イスラム教は労働をたびたび中断させてしまい、能率という意味では悪いということになる。

子供たちの将来の可能性にかけたいところだが、学校の方もなかなか状況は厳しい。一九九〇年頃には、暑い夏を避けるため学校によっては夏休みが五か月近くあった。しかもカイロは人口が集中しすぎ、二〇〇三年現在でエジプトの人口は約六二〇〇万人、このうち首都カイロには四分の一の一六〇〇万人が住んでいる。このため学校も教室も不足し、生徒数の多い中心部の学校では午前に学ぶ生徒と午後に学ぶ生徒を分け、二部制をとっているところが多い。授業は毎日半日だけ、しかも長い夏休みでは勉強時間も先進国より格段に少ない。子供たちもすでに先進国の子供たちより勉強時間が短く、学力は差が開くばかりというのは言いすぎだろうか。

エジプトは一例だが、中東の発展途上国も同様に夏には暑くて外で長時間働けないなど、気候などの労働条件が恵まれていないことが多く、労働時間や能率では先進国に遅れをとってしまうことになる。しかし一方消費生活はというと、これはグローバリゼーションの弊害との批判もあるだろうが、現実には人々の生活には自動車にテレビやビデオなどの電気製品、携帯電話、パソコンなどが入り込んでおり、これらの物資はほとんどが輸入に頼らざるを得ないため、外貨が流出し国内は常に外貨不足に悩まされることになる。その結果が、国家単位での大きな負債、しかもその負債はだんだん増え、やがてどこかで少しずつ棒引きしてもらいながら、常に負債の増加の中で生きるのを強いられるということになる。

かくして南北問題は拡大こそすれ縮小はせず、豊かな北に貧しい南が経済的に隷属を強いられながら、そして嫉妬しつつ生きていかざるを得ないということになる。

中国のように発展途上であっても、もともと気候的にも恵まれている国は社会体制が発展を遅らせたのであるから、社会体制を変えることによりものすごいスピードで先進国を追いかけることができ、そのスピードは先進国の発展の速度をしのいでいるため、やがては追いつき追い越すことが予想される。しかし中国は例外で、先に述べたように特に気候の厳しい地方の国々の人々は今後も貧困からなかなか脱出できない可能性が高い。そこに人々の豊かな先進国への妬み、その中心的存在で自国の利益のためには政治力や軍事力を駆使することもためらわない、アメリカへの妬みが生まれることになるのである。

(四) アルカイダはなぜ、アメリカを狙うのか

アルカイダのことを考える時、エジプトのイスラム過激派の動向を抜きには語れない。先にも述べたが、九月一一日のアメリカ同時多発テロを実行したと見られるイスラム過激派アルカイダの頭目ウサマ・ビンラディンの副官アイマン・ザワヒリはエジプト人。また軍事委員長でアメリカのアフガニスタン爆撃で死亡したモハメッド・アーティフもエジプト人。ニューヨークの世界貿易センタービルなどに突っ込んだ四機の飛行機の乗っ取りグループのリーダーであるモハメッド・アタもエジプト人だった。アルカイダには、このほかにも多くのエジプト人が参加していると見られている。アラブ各国にはもちろん、それぞれにイスラム過激派がいるはずだが、なぜエジプト人が多いのか、それには第一次大戦後イギリスの植民地支配の下でほかのアラブの国より早い時期から起こった民族主義運動

に源流を見ることができる。イギリスの統治下で反英独立運動が盛んとなり、一九二二年には王国として独立、このころイスラム原理主義運動の団体、モスリム同胞団が結成された。その後、一九五二年にはナセル率いる自由将校団がクーデターを起こして王制を倒し、共和制を敷いた。ナセルは、イギリス・フランスなどを相手に戦いスエズ運河の国有化を実現、パレスチナではアラブの盟主としてイスラエルと戦った。

経済面ではアスワンハイダムをはじめソ連からの援助を受けた。

革命は市民生活に大きな影響をもたらした。それまでわずかだった国民の識字率は上がり、今では国民の半分近くが読み書きできるようになっている。先進国に比べれば識字率は低いが、中産階級が二割ぐらいしかいないエジプトでは、結構高い率といえる。また革命後ナセル大統領は国民に職を与えるため、多くの国民を公務員として雇った。もっともこれが、少ない国家予算で結局十分な給与を与えることができず、公務員の給与だけでは食べられない状況を作り出し、職業を複数持たざるを得ない状況を作り出したり、賄賂の横行を許したりする結果となったのも事実のようである。

国民の教育という面では、学校を充実させ識字率を上げたのは大きな成果だが、別に問題も派生していた。革命後教育水準を上げるため各地に大学など高等教育機関を設立したが、カイロなど都会では大学卒業後就職先があったものの、地方ではなかなか難しかった。とくに貧しい、上《かみ》エジプトのアスワン、アシュート、ミニア、ファユームなどでは「大学は出たものの……」という状態になり、高等教育を受けた若者の間で不満が高まり、イスラム原理主義に傾倒し、中には過激派に走る者が少なくないという。

確かにルクソールに近いナイル川上流のアシュートの町にあるアシュート大学はイスラム原理主義運動の中心地で、日本人など外国人観光客五八人が殺されたルクソール事件を起こしたエジプトのイスラム過激派「イスラム集団」は、アシュート大学など各大学で学生を中心にメンバーを増やしていった組織だった。

いつの時代にも学生は社会情勢に敏感だ。社会の問題点・欠陥を見つけ変革しようとするエネルギーを持つのも学生・若者である（もっとも今の日本には、その姿はあまり見られないが）。そして行動にはよりどころとすべきイデオロギーが必要だ。日本の場合江戸時代末期には尊皇攘夷であり、明治以降は国会開設や憲法起草などの運動（これはどちらかというと外国向けに急ごしらえで作られたものだが）、そして自由民権運動。その後は社会主義運動などで労働者や農民の貧困からの脱出を目指すイデオロギーとなった。

しかしエジプトの場合はもともとイギリスへの反植民地運動があり、王制を倒したのが民族社会主義運動だった。しかしその後勃興するのは、イスラムの教えの基本に帰ろうというイスラム原理主義である。ナイル川上流の砂漠に囲まれたエジプトの、貧しいがしかし高等教育を受けても仕事のない学生たちには、飛びつきやすいイデオロギーだろう。もともとモスレム同胞団活動があったエジプトでは瞬く間に広がり、反政府運動に広がっていく。指導者がナセルからサダトに代わり、イスラエルと平和条約を結んでアメリカ寄りになった時、運動は頂点に達し、サダト大統領は「アメリカ・イスラエルと手を結んだ裏切り者」としてイスラム過激派に暗殺されるに至るのである。

サダト大統領の跡を継いだムバラク大統領は、イスラム原理主義の怖さをまざまざと見せつけられていた。したがってアメリカと友好関係は持っていても、国民向けにはアメリカと距離を持っているように振る舞い、アラブの大義を主張する。ただ国内に野党も存在し政治的にはアラブ各国より開放が進んでいるエジプトでも、まだ大統領選挙で対立候補が立候補しにくいという状況だ。ムバラク大統領は任期六年の大統領にこれまで四選されているが、対立候補のいない状況で信任投票となっている。エジプトではもちろん、犯罪者を逮捕するのは法に基づくのだが、一九八一年にサダト大統領が暗殺されて以来、非常事態宣言が未だ出されたままである。

つまり法に基づかなくても、大統領権限で逮捕・拘留ができるのである。イスラム過激派のテロが激しいためか非常事態宣言があるためか、どちらが理由かは難しいところでニワトリと卵の関係のようだが、しかしその後もテロは収まらなかった。ピラミッド近くのホテルで焼き討ち事件があったり、カイロ中心部のエジプト博物館近くで観光客の乗ったバスが襲撃されたり、エチオピアのアジスアベバでムバラク大統領の暗殺未遂事件があったり、観光客が多く来る王家の谷があるルクソールで日本人の新婚旅行客ら一〇人を含む五八人の外国人観光客が殺されるなどテロは後を絶たなかった。

エジプトには、「ジハード団」と「イスラム集団」というテロも辞さない二つのイスラム過激派がある。エジプトのイスラム過激派は、パレスチナでイスラエルを支援するアメリカなどイスラム教以外の異教徒と政府をターゲットとしてきた。しかし外国人観光客を対象にしたテロは、国内の重要な産業である観光業に打撃を与えるし、それで苦境に立つのは細々とそれに頼って生きる国民であることを理解したのか、新婚旅行客など何の罪もない旅行客殺害などの残虐さに向けられた国民の批判を真摯に受け止めたのか、五八人の観光客の虐殺をした一九九七年のルクソール事件のあと犯行当事者のイスラム集団の海外指導部は「エジプト国内でのテロ放棄」を宣言した。

この宣言についてはその内容を疑う意見もあるが、今のところ一九九七年のこのルクソール事件以後エジプト国内で大きなテロは起きていない。

エジプト国内の二つのイスラム過激派「ジハード団」と「イスラム集団」は、一九七九年のソ連のアフガニスタン侵攻以来、幹部の相当数がイスラム義勇軍としてアフガニスタンに渡ったことがわかっており、エジプト国内のテロの多くは、アフガニスタンなど海外からテロ指令が出ていたことが確認されている。その彼らがアルカイダを結成しエジプトやサウジアラビア国内での反政府テロから、対象をアメリカやイスラエルに移したのである。

先に述べたようにアラブ・イスラム国の多くは貧しい。かつてイスラム国やアラブの多くの国を植民地として支配した西欧列強にアメリカの姿を二重写しにし反米を唱えれば、アラブ・イスラムそして世界中の貧しい国々の人々の賛同を得て彼らも運動のやりがいがあることになる。かくしてイスラム過激派の多くはアルカイダに集結し、唯一の超大国アメリカに「聖戦」を布告したのであろう。

第四章　マルクス主義に代わり再び台頭してきた「宗教」

（一）ソ連のユダヤ人脱出――マルクス主義から再びロシア正教へ

一九九〇年四月、モスクワのオランダ大使館の前の道路には、連日大勢の人たちが集まり列を作っていた。イスラエルへのビザを求める人たちである。当時ソ連とイスラエルは国交がなく、オランダ大使館の中にイスラエルの利益代表部があった。ビザを求めに来るのはロシア人、もちろんほとんどがユダヤ系である。もともとソ連にはたくさんのユダヤ人が住んでいて、当時も三〇〇万人ぐらいが住んでいるといわれていた。

映画「屋根の上のバイオリン弾き」はロシアの大地で迫害を受け、土地を追われるユダヤ人一家のことを描いている。かようにユダヤ人はロシアでも迫害を受けていた。ところが、「宗教はアヘン」とする共産主義国家の誕生で、新生ソ連では宗教色がだんだん消されて、ユダヤ人迫害も少なくなった。だいたい資本論を書いたマルクスはユダヤ人だったし、ロシア革命後最初にできたレーニンの内閣の指導者は半分以上がユダヤ人だったと言われている。革命当初は、人々は皇帝の専制からのがれた開放感で革命指導者のユダヤ人たちをたたえ、迫害も減ったのかもしれない。

ところがソ連の政策が行き詰まり、ゴルバチョフのペレストロイカ（改革）で民主化が進むと、ロシア正教が表舞台に出て再び人々の心を癒す役割を多く担うようになった。それとともに人々は「ユダヤ人がやった革命のために苦しめられた」などと言い始め、ユダヤ教信者を再び迫害し始めた。そして、ロシアの右翼団体によるユダヤ人襲撃などが起こり始めた。それを見て危険を感じたソ連国内のユダヤ人たちが、一刻も早く国外に脱しようとビザを求めに来たのである。彼らの多くは永住許可のとりやすいイスラエルにまず出て、その後カナダやアメリカへの移民を申請するという形が多かった。

このようにロシアでは社会主義は、それまでの帝政から解放されるイデオロギーだったが、社会主義が崩壊すると再び人々の精神的拠所は宗教となったのである。

モスクワのオランダ大使館でイスラエルへのビザを求め並んでいた、三一歳の物理学者は「我々はやはりユダヤ人ですから、イスラエルに行きたい」と語っていた。また、女性

1990 年 4 月のモスクワ

の一人は「私たちユダヤ人が結集する時がきた」と話し、別の若者は「歴史上の祖国へ行きたい。この国にいたくない、いても楽しくない」と吐き捨てるように言った。

この列の中にいたユダヤ系ロシア人、ヤコブ・メリマンさん（四九歳）もそうした一人だった。タクシー運転手であるヤコブさんは、「ソ連にいても未来はない」として、イスラエルへの移住を決意した。妻のニーナさん（五六歳）は、ロシア人だがユダヤ系ではない。しかし、妻が反対したもののヤコブさんの決意は変わらなかった。メリマンさんたちは、イスラエルへのビザを取得すると、先祖の墓に別れを告げ、一族二〇人でモスクワのキエフ駅をあとにした。モスクワからハンガリーのブダペストまでは列車。ブダペストからは飛行機でイスラエルのテルアビブ空港に向かった。

一九九〇年ゴルバチョフ大統領のペレストロイカで、ソ連からマルクス主義が消えかかり、それとともにロシア正教が息を吹き返した。

しかし、同時期にユダヤ人差別も復活、ユダヤ人たちはそれまで難しかった国外移住が可能になったこととあわせ、イスラエル移住を決断し去って行った。

ブダペスト駅で空港に行くバスに乗り込むユダヤ人移住者たち（1990 年）

一九四五年第二次世界大戦が終わり、大勢のユダヤ人たちがヨーロッパやアラブ各国から、カナンの地イスラエルへ移住して以来およそ半世紀ぶり。ソ連に住むユダヤ人たちのもとにも遅ればせながら自由がやってきたのである。

(二) イスラム諸国——原理主義の台頭

先述したが第二次大戦後相次いで独立した中東のアラブ各国は、王制が崩壊した国々の場合、当初はアラブ民族主義・社会主義に拠所を求める例が多かった。一九五二年エジプトの自由将校団が行った革命もそうだった。後に大統領に就任した革命指導者ナセルは、ソ連と友好を深め社会主義政策を進めた。後継のサダト大統領は、イスラエルと平和条約を結びイスラエルとの戦争に終止符を打ったが、イスラム過激派に暗殺された。

エジプトでは「イスラムの本来の教えに立ち帰ろう」という、イスラム原理主義を標榜するモスレム同胞団が一九二〇年代に誕生している。モスレム同胞団は穏健派として知られているが、サダト大統領を暗殺したグループ、「イスラム団」は、その影響を大きく受けていたとされる。エジプトでは、その後もピラミッド地区ホテル放火事件や、エチオピア訪問中のムバラク大統領暗殺未遂事件、日本人も死亡したルクソールでの外国人観光客襲撃事件など、イスラム過激派による事件が後を絶たなかった。ルクソール事件が起きたナイル川の上流地域、上エジプトでは、九〇パーセント以上を占めるイスラム教徒の国エジプトの中でキリスト教の一派コプト教を信じる少数派の人々が、襲撃されるという事態も起こっている。

しかしこうしたテロについて民衆が支持しているわけではないのだが、人々の日常生活は年々イスラムへの回帰が進んでいる。エジプトの首都カイロでは、イスラムの教えに従って髪を布で覆う女性は、大多数ではなかったが年々増えてきている。ナイトクラブで腰を振りながら踊るベリーダンサーの衣装も以前は、へそを出すセパレーツだったが、最近はへその部分をネットで覆っている。イスラム教では、本来女性は夫以外の他の男性の前で肌を見せてはいけないことになっているが、厳しい戒律を守るサウジアラビアや湾岸諸国と異なり、飲酒もできるエジプトでは、西洋風に髪をたなびかせ髪を隠さない女性が多かった。

しかし上記のようにベールで髪を隠す女性が増えているのである。こうしたイスラム原理主義の台頭は、エジプトの場合かつて希望を託したアラブ民族主義や社会主義を掲げた政権が、結局一向に豊かさを実現できないこと、不平等がますます拡大していることと関係がありそうだ。

こうした傾向はエジプトに限らない。未だに王制を敷いているペルシャ湾岸諸国では反政府運動には原理主義がイデオロギーの中心を占めている。王族が石油収入の多くと利権を独占しているのは、イスラムの教えに反するというのである。また、議会開会や国民の主権確保などにもイスラム原理主義がその運動を担っていることも少なくない。ただサウジアラビアでは、むしろこれまでイスラムの戒律に厳しかったワッハーブ派の教えを基に国政を敷いていたため、女性は一人で外出できないなど規制が多かったが、近年になって女性も車を運転できるなどわずかずつながら解放が進んでいる部分もある。しかしこの民主化の動きは鈍く、原理主義拡大のスピードは増大しつつあるといって良いだろう。

(三) イスラエル——宗教政党の台頭

こうした傾向は、エジプトに限らない。イスラエルとの激しい対立が続くパレスチナでは、イスラム原理主義過激派のハマスなどがイスラエルに自爆テロなどを仕掛け、これに軍事力で報復するイスラエルとの応酬合戦で、パレスチナの人々の心はますますイスラム原理主義に傾いている。

そしてイスラエルでも、パレスチナ過激派のテロが増えれば増えるほど、パレスチナに対し強硬策を取るタカ派の右派リクードとユダヤ教を信奉する宗教政党支持が増え、二〇〇三年三月時点ではリクードのシャロン党首が再び首相に就任している。リクードだけでは政権が維持できないため、連立で政権に参加したユダヤ教の宗教政党がキャスティングボートを握り、イスラエルの人々の生活に影響を及ぼしている。宗教学校を無税にしたり、宗教学校の生徒の兵役を免除したり、安息日土曜日に、エルサレムの宗教学校に続く道路を通行禁止にしたりしている。

イスラエルに移住してきたユダヤ人は、ヨーロッパからの移民「アシュケナジー」と中東からの移民「セファルディ」に分けられる。ヨーロッパからの移民は、ヨーロッパのマインドで文化水準も高く、経済的にも余裕のある移民が多かった。

しかし中東各国からの移民は、その反対の傾向が強かった。前者は余裕があるので、パレスチナ人にも比較的寛容で、ハト派的対応をとった。支持政党は労働党が多かった。

これに対し中東からの移民は、どちらかというと当初は二級市民的な存在で、パレスチナ側にも強硬なタカ派的政策を支持することが多かった。当然、右派リクード支持が多かった。そのうえ人口の少ないイスラエルは、安全保障上も経済政策上も人口を増やしたいという考えが強く、建国以来移民を奨励してきた。しかし後から来る移民には十分な土地がない。そこで右派リクードは、第三次中東戦争で占領したヨルダン川西岸とガザ地区に移民を優先的に入植させた。当然これに反発するパレスチナ人のテロなどが起きる。

そうするとこうした後から来た移民はますます、パレスチナ人に強硬策をとるリクードを支持するようになる。

このようにしてイスラエルの世論は、だんだんと保守化してその間隙を縫って宗教政党が勢力を伸ばした。またかつては労働党と右派リクードの二大政党が中心だったが、いまやこの二大政党も単独では政権が取れない。このためこの二大政党が政権をとるため中間派の宗教政党の要求に沿った政策をとっていった結果、宗教政党の希望どおりに、保守的なユダヤ教の教えが人々の生活の中に浸透していった。

こうしてイスラエルでは、宗教関係者は免税されたり、兵役が免除されたり、学校に宗教の時間が多くなったり、安息日の土曜日の活動がより制限されるなど、建国当初に比べると宗教が人々の日常活動を次第に束縛しつつあるのがわかる。

(四) トルコのイスラム回帰

第一次世界大戦で敗北したオスマントルコは、国土を大幅に狭められ一九二二年ケマル将軍がクーデターを起こし、王制を廃止した。その後、アタチュルク（トルコの父）とたたえられるケマルは、イスラム法を廃止し議会制度を導入し法律に基づく政治を推進、イスラム国家から西洋国家の形を整えた。中東のイスラム国家としては唯一西洋型民主主義が浸透している国家といってもいい。

東西冷戦中は、黒海の入り口ボスポラス海峡を押さえるトルコはイスタンブールでソ連の黒海艦隊ににらみを利かし、東部の国境ではソ連の陸戦部隊と対峙するなど、対ソ連・東欧ブロックの最前線に位置するＮＡＴＯ（北大西洋条約機構）の重要なメンバーだった。しかし冷戦の終結とともに、人々のイスラムへの回帰が強まり、一九九五年の総選挙でイスラム主義を掲げる福祉党が第一党となった。また、ＥＵ加盟をめざすものの、ＥＵ加盟国はトルコがイスラム国家だとして加盟に難色を示しており、このこともトルコをますますイスラム側に追いやることになるだろう。

（五）日本――社会主義の求心力喪失とカルト・エセ宗教の登場

いつの時代でも世直しの風は吹く。そして、そこには大義名分やイデオロギーが必要だ。日本の場合は江戸時代の末期、幕府の開国政策に反対した倒幕派のイデオロギーは尊王攘夷だった。江戸幕府が倒れ、明治になると政府の政策に批判的だった人々の理論は、自由民権運動に変わった。そして戦前の庶民が貧しい時代、政府を批判する知識人たちの思想は、一部右翼思想もあったが多くはマルクス主義だった。

ソ連の革命成功の影響は大きく、労働運動が盛んになり、各地で起きた労働争議の理論的拠所は、マルクス主義だった。戦後もこの傾向は続いた。労働運動の指導者はもちろん、社会に矛盾を抱く大学生たちの多くは、「資本主義は労働者を搾取」し、「アメリカは帝国主義者」であるとして、反資本主義・反米主義を掲げ、社会の矛盾をついた。過激な者の中には、労働者・貧しい者も救われる社会を作ろうと革命を唱える者まで現れた。しかし資本主義自由主義体制で日本に「豊かな社会」が訪れると、こうしたマルクス主義に基づく運動は次第に人々の支持を失っていく。そして一九九一年のソビエト連邦の崩壊は決定的にマルクス主義への信頼を失墜させた。

しかし、いつの時代にも人間社会に完全なものは生まれようがない。豊かな社会こそそこに矛盾を感じ、物質的な豊かさよりも精神的な充足を求める人々もいるはずである。いつの時代にも若者がそうであるように、これまでのものの形を変え矛盾を正したいという欲求や力は存在する。ソ連はゴルバチョフのペレストロイカで体制を変革するという大きな動きがあった。しかし日本はマルクス主義の敗北とともに学生運動は大きくしぼんでしまった。もちろん日本人の庶民の暮らしが豊かになり、社会運動も物質的な豊かさを求めるという必要性が小さくなったことが大きい。だが、ソ連の人々には社会体制を変えるという大きな目標と、社会主義体制の時代を生き抜いたロシア正教が残っていた。

しかし豊かな社会になった日本ではもはや、旧来の宗教は広く国民の心の支えとして大きな役割を果たすことはできないかのようだ。先に記したように、いつの時代にも人々の心を癒し不満を吸収、将来への望みを与えるものは必要である。今の日本にも既成の反政府政党や宗教政党は存在し、一定の役割は果たしているようである。
けれど多くの若者や心の渇きを覚える者、社会に大きな不満を覚える者の訴えを吸収するイデオロギーや場所はあまり見られない。そうした若者や人々の心に入っていったのが新興宗教である。新興宗教にはもちろん、人々の心を充足させるという役割を演ずるものもある。しかし一方では当初の理想からはずれ、信者から財産を巻き上げることが目的となったり、自分たちを批判する社会に攻撃を仕掛けたりするカルト集団が現れるにいたった。松本サリン事件や東京の地下鉄サリン事件、坂本弁護士一家殺人事件などを起こしたオウム真理教（現・アーレフ）が後者の例である。このように、日本でもソ連崩壊・マルクス主義の敗北の影響は大きく、人々の精神的拠所として新興宗教が次々と誕生してきているのが実情である。

今の日本では、宗教はそれほど大きな地位を占めてはいない。しかし世界を見ると欧米に広がるキリスト教、アラブをはじめアジア各国に広がるイスラム教、仏教、イスラエルを中心とするユダヤ教、インドのヒンズー教など、まだまだ人々の日常生活の中で宗教が大事な地位を占めている。日本では神道・仏教などが多く国民に浸透しているが、それは新年やお盆、結婚式や葬式など人生や年・季節の区切りには一定の存在感は示すものの、日常生活には大きな比重を占めていない。

宗教は人々が苦しみを持っている時代には存在意義が大きくなる。ユダヤ人は古代文明が花開いた時代メソポタミアでのバビロン虜囚・エジプトでの奴隷時代にもユダヤ教を救いとし、いつか救世主が現れ自分たちは救われると信じるからこそ耐えられたのであろう。それは今の時代でも他の民族でもいえることだ。貧しい人々・虐げられている人々も宗教があるから今を耐え、将来に希望を託して生きることができるのであろう。しかし文明が発達し豊かになった人々は、だんだん宗教から遠ざかるようになる。日本とて例外ではない。今の日本は豊かになり、宗教を毎日の拠所にする人は少数派だ。しかし実はそこに大きな落とし穴があるように思えるのである。

私の知人に、能力・家庭ともに結構恵まれた人がいた。自分の人生に自信を持っていたようで、神など信じてはいないように見えた。その彼がある日病気になり、働けなくなった。あちこち病院に行ったものの原因がわからない。結局数か月入院して病気の原因もわかり、退院して元の仕事に復帰した時、彼は以前の彼とは違っていた。当時、私は家を建てることにしていたのだが、彼は風水が大切で、それぞれの部屋はその方角を占い師に見てもらわないと思わぬ不幸が来るという。たしかに、家を建てる時に風水を見てもらう人は、今の日本でも少なくはないだろう。しかし以前の彼はそういうことを迷信と一笑してしまうような人だった。そして退院してから家の風水を見てもらい、一部の部屋の方向が風水に逆らっているといわれて、改築したそうだ。かように人間は自分や家族などに不幸が相次いで訪れると、自信を喪失してしまう。そして見えない言い伝えや風水のような昔から信じられているもの、宗教のような何かすがるものに頼りたくなるものらしい。

現在、多くの日本人にとって、日常生活に占める宗教の位置は高くないであろうが、しかし人生には思いもかけない不幸が訪れる時がある。その時自分を見失って、何かすがるものがほしいと思うのは当然予想されることだ。

しかし、問題はここからである。例えば私に今信仰する宗教がないとして、私に何かがあり、宗教に心をゆだねたいと思ったとして、今の日本でどういうことができるだろうか。神社に相談に行けばよいだろうが、いつも足を運んでいない神社は敷居が高いかもしれない。お寺に相談に行けばよいかもしれないが、いつも足を運んでいないのにやはり敷居は高いだろう。そうした私に気軽に声をかけてくれるのが新興宗教である可能性は高い。新興宗教の多くは、信者を増やそうとしているから、できるだけ多くの人々に声をかけるだろう。もし私が冷静だったら、その宗教が本当に私を救おうとしているかどうか、私を洗脳して財産を取ろうとしているのかどうか、社会や政府あるいは個人を攻撃する一員に私を引き入れようとしているカルト集団かどうかを判断できる可能性が高い。しかし、私がすでに自分の不幸にかなり参っていて、藁をもつかみたいと思っているとしたら、そんな冷静な観察はできそうもない。私は簡単にそうしたエセ宗教教団の餌食になるに違いない。そういうふうに見ると人間は仮に今が幸せでも、いつ訪れるかわからない不幸に備えて、日ごろから信頼できる宗教にある程度身を任せていた方が安全だということになる。そうした宗教は、長い歴史を持ち信頼ができることが大事な条件だろう。

日本は一九七〇～一九八〇年代に豊かな国に成長し、社会主義運動は次第に求心力を失っていった。そしてソ連が崩壊し社会主義やマルクス主義は、社会や政府を批判するイデオロギーとしての力を失っていった。イスラム世界では、そうした社会を変革する理論的な支柱はイスラム原理主義だが、日本には今これといった手を差し伸べてくれるイデオロギーが存在しない。そうした中、人々を驚愕の渦に陥れたのがオウム真理教による事件だった。麻原彰晃《あさはらしょうこう》（本名・松本智津夫）という、効果に疑いのある薬を売り歩いていた少し目の不自由なマッサージ師によって興されたこの新興宗教は、戦後半世紀にわたって形成されほぼ完成された今の社会システムに不満を持つ若者たち、物質的な豊かさの一方精神的な充足を求める若者たちの心を捉え、次第に反社会的カルト集団・殺人集団へと変身していくのである。信者たちの中には、医学・宇宙物理学・工学など高いレベルの教育を受けた優秀な人もいたが、彼らがいつのまにかこの元ニセ薬売りに洗脳され、彼の言うとおりに動く奴隷と化して、地下鉄サリン事件や松本サリン事件、坂本弁護士一家殺人事件などを起こしてしまうのである。

高校まで岡山市の繁華街に面したビルの一角に住んでいた医師中川智正《なかがわともまさ》もオウム真理教で重要な犯罪を行うことになるひとりである。岡山の秀才が集まる国立大学付属中学を卒業し、これまた地元の有名進学高校を優秀な成績で卒業し京都府立大学医学部を卒業した中川だが、その後大阪市内の病院に勤めている時、麻原の講演を聴きに行き、オウム真理教の信者となるのである。

オウム真理教が一九九五年に東京で地下鉄サリン事件を起こして以来、警察は徹底的な取締まりに乗り出す。例えばある家の郵便受けに布教のチラシを入れただけでも、門から郵便受けのある玄関まで黙って入ったとして不法侵入罪を適用し、しかも逮捕した。そうして取り調べを行い、遅れていた組織の解明に力を注いだ。国民は事件と組織の凶暴性に驚き、警察の過剰捜査にも文句は言わなかった。

その中川は麻原彰晃の命令で、当時オウム真理教の勧誘被害者の弁護を引き受け教団の不当性を追及していた川崎市の坂本弁護士一家殺害に手を汚してしまう。大阪の病院をやめて入信してわずか一～二か月のことなのである。年も二〇歳代半ばだった。中川智正は、商売を営んでいた一家の子供の中では学業が優秀で、ただひとり医学部に入学した時には両親はことのほか喜んだという。

私はこの事件発覚後、彼の実家を数回訪れたが、両親は、ほんとうにどこにでもいる人のよい市井人で「皆さんにご迷惑をかけて……」と単なる取材者に過ぎない私に何度も頭を下げた。中川の実家には二四時間刑事が張り付き、本人からの連絡や帰宅を待っていた。中川はその後逮捕・起訴され、裁判の一審では二〇〇三年一〇月二九日に死刑判決が出された。坂本弁護士一家三人が殺害されてから一四年の歳月が経とうとしていた。

中川がなぜ入信したかは謎である。しかし、中川は京都の医学生時代からキリスト教青年会で活動し障害者を手助けするボランティアに力を入れるなど、弱い者、ハンディを持った者にやさしい面を持った若者だったようだ。その一方で、光が私に差してくるなどと人知を超えた経験を知人に話していたとも言う。西洋医学を学んだものの、その限界を意識し、東洋医学に惹かれていったのかもしれない。麻原の東洋医学はインチキそのものだったのだが。

私が取材したオウム真理教の別の元信者の若い男性は、入信の動機について「体と精神を鍛えたかった」とまるで、空手か柔道の道場に入るかのような気軽さで麻原の道場の門を叩いたという。ある夜、この元信者に会うために彼の家を訪ねた私に、この元信者は「すみません。毎晩、スポーツクラブに通っているもので」と礼儀正しく話した。彼によれば、彼はスポーツが好きで、瞑想などにより心を落ち着けたくて、町の中にあったオウム真理教の道場に入ったという。日本に限らず東アジアの旧来の格闘技はことのほか精神主義にも力を入れる。柔道、剣道、空手、合気道、少林寺拳法……これらの格闘技はその技のほかに道場に座り瞑想し精神を整えることも大事な修行とみなす。この元信者は、それら格闘技と同じような気持ちでオウム真理教の道場に入ったというのである。

しかし別の有名大学の卒業生は、オウム真理教への入信の動機をこうも言っている。「会社に入ったけれど自分たち若い者の意見は通らず、思い通りの研究ができるのはかなり後のことであることがわかり、組織に幻滅したからだ」と。かつて学生運動は大学の、後には政府のあり方を問題とし、エネルギーが注がれた。今、戦後から半世紀経ち日本型の資本主義、会社組織、役所の組織、大学の組織が、ひとつの完成した型を持っている中、社会に出てあるいは学生として問題を感じても、なかなかかつての学生運動のように改革を訴えることはできにくい。若者やそうした問題意識を持つ人々の、社会に反発したり改革したりしたいと思うエネルギーを受け止める組織やイデオロギーが見当たらない。

また改革へのエネルギーは何とか我慢するとして、追い詰められた若者や人々が訴えを聞いてもらう場所が見出しにくい。長い歴史を持つ神社やお寺、キリスト教会の門を叩けば受け入れてくれるに違いない。しかし、現実にはこうした「信頼できるに十分な歴史を持つ宗教」の方から積極的に町に出て、人々の心の悩みを聞こうとはしないのである。キリスト教会も、若者が二人組で道行く人に語りかけるモルモン教を除けば、あまり積極的に人々の悩みを聞こうとしているとは思えない。「門を叩くのを待っている」のである。

本質的に、はにかみ屋の日本人は、なかなか自分から悩みをこうした宗教の場に持ち込みはしない。そこに信者勧誘に積極的な新興宗教が、大きな役割を占めてくることになるのである。

日本人は概して理想主義で生きがちだ。話はやや離れるが、例えば、「学校のいじめ問題」を例にとろう。学校や教育委員会は「いじめは悪いことなのでしないように」と教える。政府広報で新聞に「いじめはやめよう」と呼びかける有名人の顔写真が載ったりする。しかし、文部省や学校の教育者たちは、こうして呼びかければ、本当にいつかこの世から、学校から、地域から「いじめ」がなくなると本気で思っているのであろうか。私はかつてこの「いじめ」問題をアメリカで取材したが、とらえかたは日本と正反対だった。アメリカでは「いじめはなくならないもの、いつまでも存在し続けるもの」として対応する。したがって、「いじめはやめよう」とは言わない。「いじめは起こるもの」であり、「人の心に余裕がなくなればなくなるほど起こるもの」であり、それが起きた時「どう対処するか」を教える。日本ではいつまでたっても「いじめはやめよう」と教え続けている。しかしそれはまったく無駄な努力のような気がしてならない。なぜなら、いじめは大人の世界でもあり、アメリカでもあり、中国でもあり、ヨーロッパでもあり、多分人類が誕生した時からあり、永遠になくならないことがわかっているからである。

アメリカの学校では、小学校に入学した児童に最初に教えるのは、このいじめへの対処法だ。人が生きるうえで、一番大切なのが争いに対処することだからだ。日本の学校は新入生に数の数え方を教えているかもしれないが、読者の皆さんは「数字」と「争いへの対処法」とどちらが大事と思われるだろうか。ちなみにアメリカの学校のいじめの対処法は「反撃すること」「誰かに言うこと」だった。

話は脱線してしまったが、言いたいことは、日本人には「困難がないことを前提に人生設計をする傾向」があるように思えることである。これは何の影響かわからないが大変な超理想主義、超楽観主義で、このことが日本人を困難や逆境に弱い民族に作り上げているような気がしてならない。よくよく見てみれば、これは日本社会の根源的欠陥かもしれない。いや、中国の理想主義の教えの影響かもしれない。

人生にはいろいろなできごとがある。幸せもあるだろう。しかし、幸せだけではない、不幸もあるに違いない。幸せの時はみな元気だろう。では不幸がやってきたらどうするのか。

不幸がやってこなければそれに越したことはない。しかしやってくる可能性もある。ではその時どうするのか。強い人間でいられなくなり、誰かに頼りたいと思った時、何に頼るのか。西洋や中東やインドや中国や世界各地の人々は、宗教をその心の頼りとして生きている。しかるに日本人の多くにはその不幸が訪れた時の備えが少ない。

最近の若い日本人は結婚式の時に、キリスト式か神式か仏式かなど、そのスタイルで宗教を選んでいる。このことを話すと、アラブのある国の知人は「日本人は宗教をファッションのように、その時の気分で着替えられると考えている」と批判した。そうかもしれない。しかしそれでもいいとしよう。大事なことは幸せな時だけ宗教を利用するのでなく、不幸な時にも頼れる宗教を日頃から持っておくことではないだろうか。

日本国中に蔓延する新興宗教。中には本当に人々を救っているものもあろう。しかし、オウム真理教や財産収奪目的のエセ宗教のように、精神的に頼るもののない日本人が何かを頼りたいと思った時、「甘いやさしい言葉でささやき、手を差し伸べるふりをする」存在が、救済のイデオロギーを失ったこの国の人々に獲物を見つけた禿げタカのように襲いかかるのである。

中川智正には一審で死刑の判決が出たが、中川は「命を差し出す日まで、おわびしたい」と語っている。大阪の病院をやめてオウム真理教に入信し、わずか一、二か月で坂本弁護士一家殺人事件が起きるが、中川はほかの信者と坂本弁護士宅に侵入し、妻の都子さんの首を後ろから絞めて殺害し、当時一歳の龍彦ちゃんの口をタオルケットで押さえたと判決は記している。その後も、中川は出家者を助け出そうとした男性を殺害したり、反オウム活動をすすめる弁護士をサリンで襲ったり、一九九四年六月二七日の松本サリン事件、一九九五年三月二〇日の東京・地下鉄サリン事件など十一の事件にかかわり、多くの人の命を奪っている。障害を持つ弱者を助けていた心のやさしい若き医師が、なぜ簡単に無実の人々を殺せるのか、多くの人々は疑念を抱くであろう。

自分の尊敬する人の命令であっても、大きな誤りであれば、それを拒否、拒絶する。ましてや無実の人や抵抗できない女性や幼い赤ちゃんを殺せという命令なら、それを拒否するのが「人間である」はずだろう。とすれば中川は、まだ「人間」になっていなかったのかもしれない。いや中川に限らず、優秀な知恵と知識・学識を持ちながら、単なる麻原彰晃の殺人奴隷となってしまった若者たちは、人間になっていなかったのかもしれない。

今回のオウム真理教事件は、この早期の人間教育がいかに大切か教えてくれた。学校は学識よりも、まず人間教育をしなければならないことを教えてくれた。それと同時に若者たちの変革へのエネルギー、これをふりむける組織とシステムが日本には十分でないことが明らかになった。

貧困から、経済的に豊かな異教徒攻撃や異文明攻撃にはけ口を求めるイスラム過激派、アラブ強硬派のリーダーたち。あるいはそのほかの宗教を利用しようとする人々、リーダーたち。

その一方で、豊かになり社会が硬直化したがゆえに、過激なカルト集団に走る日本の一部若者たち。マルクス主義なきあと宗教が、彼らの隠れ蓑、手段、イデオロギーとなって世界を不安に陥れているというのは言いすぎだろうか。

第五章　文明の衝突が起こるのか？

（一）イスラム過激派とアングロサクソンの戦い

ウサマ・ビンラディン率いるイスラム過激派アルカイダに対するアメリカの本格的なテロとの戦いは始まったばかりだ。これまで見てきたように、その戦いはソ連がアフガニスタンを引き揚げた一九八九年に始まっている。

一九九二年のイエメンのホテルでのオーストリア人観光客殺害に始まり、翌九三年のニューヨーク世界貿易センタービルでの爆破テロ、九六年のサウジの空軍基地でのアメリカ軍施設爆発事件、九七年一一月の日本人一〇人も死亡したエジプト・ルクソール外国人観光客襲撃事件、九八年八月のケニア・タンザニアのアメリカ大使館爆破事件、二〇〇〇年一〇月イエメンのアデン港におけるアメリカのイージス艦に対する自爆テロ事件など十数件がアルカイダの犯行と見られている。そして二〇〇一年のアメリカ同時多発テロでアメリカの怒りは頂点に達する。ブッシュ大統領のテロ組織への宣戦布告でまず、アフガニスタンのアルカイダ掃討とタリバーン壊滅は一定の成果を得たようだ。

しかしアルカイダは世界中にネットワークを張っているし、ウサマ・ビンラディンはまだ生きているようだ。また、このアルカイダに賛同するテロ組織が連動したテロを仕掛けてくる可能性もある。

二〇〇一年九月一一日、ニューヨークの世界貿易センターに航空機二機が突っ込んだ時、それがどうやらイスラム過激派のテロとわかった時、カイロでは手を叩いて喝采した市民も少なくなかったという。彼らは、多くの人が死んだことを喜んでいるのではなく、アメリカに鉄槌を食らわせたウサマ・ビンラディンに喝采を送っているのである。かようにアメリカは中東、アラブ、イスラム世界で嫌われている。ブッシュ大統領がテロに対し宣戦布告したが、この戦いがなかなか容易ならぬものであることを知らされる。

ブッシュ大統領は、九月一一日のあと、報復を誓った数ある演説の中で、中世にアラブ・イスラム勢力とキリスト教の聖地エルサレムの奪還をめぐって戦った「十字軍の戦い」を例に引いたことがあったが、これはきわめてまずい例だった。テロとの戦いの相手をイスラム教徒・アラブ人にしてしまい、まさに文明の対決に持っていってしまう恐れがあるからだ。ただでさえ、中東では四度の中東戦争でイスラエル側に立ったアメリカは評判が悪い。しかも、湾岸諸国の王制を支持し、石油の安定供給は確保する一方、これら王国内の民主化については沈黙を守っている、いや、民主化しないように王家を手助けしているともいえるのである。

サウジアラビア、クウェート、バーレーン、カタール、アラブ首長国連邦、オマーンのペルシャ湾岸六か国はこれから、さまざまな民主化要求に立ち向かうことになるだろう。その際アメリカがどういう立場をとるのか、アラブのイスラム教徒たちは固唾《かたず》を呑んで見守るに違いない。

(二) パレスチナ問題解決の必要性

中東には早急に解決する必要のある、パレスチナ問題もある。一九四八年にイスラエルが独立して以来、半世紀以上にわたってこの問題は解決せぬままだ。イスラエルに住処を追われたパレスチナの人たちは、ヨルダン川西岸やガザのキャンプで生活しているが、収入は少なく生活条件は厳しい。イスラエル打倒を目指したPLO(パレスチナ解放機構)は当初、隣国のヨルダンのアンマンに本拠を置きゲリラ活動を繰り返していたが、イスラエルの反撃と武器を持ったゲリラ集団に手を焼いたヨルダンから追放されてしまった。そのあとにPLOはレバノンのベイルートに拠点を移したが、これもテロに手を焼いたイスラエルの掃討作戦の結果、チュニジアのチュニスに移らざるを得なかった。

その後一九九三年のノルウェーのオスロでの合意でヨルダン川西岸とガザの占領地に「パレスチナ暫定自治区」を設けることになり、アラファト議長を暫定自治政府議長に選任し、PLO主流派は占領地に帰ってきた。しかし、聖地エルサレムをパレスチナの首都とすると主張するパレスチナ側とそれは譲れないとするイスラエルの間で意見が対立し、パレスチナ独立交渉は進まない。

それどころかイスラエルの右派政党リクードのシャロン党首(現首相)が、二〇〇〇年九月二八日パレスチナの聖地エルサレムの神殿の丘への訪問を強行したため、パレスチナ側が反発し、投石と発砲による第二次インティファーダが今も続いている。パレスチナ側の戦術は自爆テロにまで発展し、レストランやバスなど、大勢の人のいる場所でのテロが続いている。イスラエルはテロがあると報復し、テロと報復の応酬が続いている。

イラクの戦後処理・民主化とともに、このパレスチナ問題を解決するため、アメリカは「ロードマップ」（中東和平への行程表）を示しているが、アラブの人々は冷めた目で見守っている。イスラエルばかりを有利に取り扱うことは、もはやできないはずだ。

（三）イラク、北朝鮮などテロ支援国家との戦い

対テロ戦争と同時にブッシュ大統領が打ち出したのが、「悪の枢軸」と彼が非難するテロ支援国家との対決だ。ブッシュ・ドクトリンは九月一一日の同時多発テロの攻撃を受けて「対テロ支援国家には先制攻撃も辞さない」姿勢を示した。そして、二〇〇三年三月二〇日イラクに攻撃を始めた。イラクは化学兵器・生物兵器を過去に使った実績と、今も持っている疑いがあり、また核兵器を開発途上にあるとの疑いがある。

今回の米英の攻撃に対しイラクは、アラブ各国に向けて、同じアラブの地がまた、米英のアングロサクソンに侵略されていると訴え、実際に訴えはアラブの、またイスラム教徒の多数の支持を獲得しているようだ。大量破壊兵器への野望を持つイラクは危険で、独裁国家で国民は苦しんでいるとのアメリカの主張もアラブのほとんどの国の国民にはあまり

通用しないようだ。

だいたいアラブのほとんどの国民は、欧米の民主主義とは程遠い状態で暮らしている。そのうえ、本物の民主主義というものを体験したことがなく、また実際、民主主義が何か、どういうものをもたらすのか十分な情報もない。したがって独裁政治とフセイン政権を批判してもそれに呼応する知識階級は少なく、そのことでアラブの人々の支援を取り付けるのは難しいように思われる。彼らは民主主義を唱えるアメリカより、独裁でもアメリカに対決してくれるサダム・フセインの方を支持するのである。

アラブでのアメリカの立場はなかなかむずかしく、戦争に勝っても、その後の民主化はきわめてむずかしいといわざるを得ない。民主化とは少しずつ進めるものであり、急激な民主化、例えば議会の開催などでは、イスラム過激派にかえって勢力拡大のチャンスを与えてしまう可能性もあることを心に留めておかねばならない。


イランについては、かつての革命時に活躍した革命防衛隊が、パレスチナなどの過激派に支援をしていると見られている。そのほか、核兵器開発の疑いも持たれており、アメリカを依然敵性国家とみなしているため、アメリカはテロ支援国家に加えたのであろう。

北朝鮮については、日本人にとって重要な問題だ。北朝鮮は二〇〇二年一一月に核をすでに持っていることを明らかにしており、ミサイルは日本にも向いていることは明白だ。北朝鮮は核の脅威で日本とアメリカを脅し、経済援助を引き出そうとしている。日本人には核の問題とともに、日本人拉致問題が大きな問題だ。小泉総理と金正日総書記の間で覚書が交わされ、拉致された蓮池薫さんら五人が帰国できたが、彼らの子供や配偶者の一部はまだ北朝鮮から帰れない状態が続いている。また、五人のほかにも大勢の拉致被害者が今も北朝鮮に囚われていると見られ、日本人にはこの問題は核よりも重要な問題となっている。

防衛研究所の北朝鮮問題の権威、武貞研究官によれば、北朝鮮の金正日総書記は「核兵器カード」を手放せば何も残らず力を失って政権が崩壊する恐れがあることを知っており、今後「経済援助引き出し」から自分の最終的野望である「朝鮮半島南北連邦制」の実現まで、核カードを持ち続ける可能性があるということだ。彼が核カードを持ち続けるとはどういうことか。その行き着くところは彼が失脚するか、アメリカとの間で戦争が始まるかの二つにひとつしかないことになる。

（四）　北朝鮮型社会主義の残酷性

日本が直面している北朝鮮危機について見てみたい。日本にはかつて北朝鮮に対する大きな誤解があった。当時、南側の韓国は独裁政権で民主化運動を弾圧していた。そのことも影響したのか、一九五九年から始まった「北朝鮮帰還運動」は、北朝鮮を「地上の楽園」などと表現し、結局一九八四年まで九万三五〇〇人が帰還を果たしたといわれている。その中には、夫についていった日本人妻など、日本国籍の人が六六〇〇人余りいたといわれている。

彼らがどれほどひどい生活を強いられたかは、厳しい監視を逃れ帰国してきた脱北者の証言があるのでいうまでもないが、なぜ、帰還運動の際あの北朝鮮が「地上の楽園」などということになったのか、当時これを美化して多くの人々を苦しめることになった朝鮮総連、友好関係を維持して北朝鮮を擁護してきた政党、「地上の楽園」などと北朝鮮をたたえて帰還運動を支援した新聞などは、彼らに謝罪すべきだろう。

そもそもなぜ日本で社会主義運動が盛んに行われたのか。それは、もちろん戦前の労働者・農民などが苦しい生活からの脱出を託したからだろう。しかし共産主義はもともとこの地球上で存在するものとしては、イデオロギーとしてすでに破綻しているのである。

まだ学生のころ、マルクスの著作に感動していた友人と議論したものだ。

友人は言う。

「共産主義は皆がひとりひとり労働してその糧を共有し代表を出して組織を運営する」

私は聞く。「どうやって代表を選ぶのか？」

友人は言う。「皆の合議で自然と代表が決まる」

私はこれはだめだと思った。人間はエゴの塊で、誰を代表に選ぶか決める際、けんかになるから選挙というルールが必要だ。また金や富は取り合いになるから所有の正当性を法律で決めておく必要がある。しかるに、友人の理論には「法律」というものがない。「自然と代表が決まる」とする共産主義は、およそこの世には存在しない理想郷の理論だと、私はその時思ったものだ。

いわぬことではない。共産主義をめざす国家は、ほとんどが独裁国家となっている。ソ連ではスターリンがしかり、北朝鮮しかり、ルーマニアしかり。ルーマニアは忘れられない。中学だったか高校だったか、教科書にルーマニアのチャウシェスク議長は「非同盟の星」と書かれていた。チャウシェスク議長のルーマニアはソ連と友好関係にはあったが、距離も保ち、米ソにどちらも与《くみ》しない非同盟諸国会議を引っ張っていた。ところが実態はどうか、私がルーマニアを訪れたのは一九八九年一一月。確かルーマニア共産党の設立五〇周年大会を取材するためだった。ルーマニアは普段なかなか取材できない。このため日本はもちろん、各国の取材陣もかなり入国した。首都ブカレストを訪れた一一月はすでにかなり寒くなっていた。ブカレストの表通りの商店のウインドゥにはものが並んでいるのに店は閉まっている。寒いので通りがかりのホテルで温かいものを飲もうとしたが、出せないという。周りを見ると、ホテルの喫茶コーナーには毛のついた帽子と外套を着たまま、人々が冷たいジュースを飲んでいた。暖房がないため寒いのだ。後でわかったことだが、燃料がないためお湯を沸かせないのだった。商店に並ぶ商品は外国のジャーナリストに見せるため並べられたもの。店の中には商品はなく、棚は実はガラガラだったのだ。

何とそれからわずか一か月後、強制移住を拒んだ農民の蜂起からわずか一か月で、チャウシェスク政権は崩壊。独裁を謳歌したチャウシェスク夫妻は処刑された。失礼ではあるけれども、非同盟諸国会議とは私が教科書で学んだ程すばらしい国の集まりなのであろうか。二〇〇三年にも東南アジアで開かれたが、会議で主張されたのは、イラクと北朝鮮代表団のアメリカ批判だった。アメリカ批判はそれとしても、イラクや北朝鮮が自国でどんなことをしているのか、他国にどんなことをしているのか。非同盟諸国会議のメンバーも、よくよく見れば独裁国家がずらり。残念ながらこの現実から目をそらすことはできない。

ルーマニアを取り上げたのは、北朝鮮とその姿がオーバーラップするからだ。首都ブカレストでは巨大な政府の建物が建設中だった。しかしこの建物、どこかで見たことがある。あの北朝鮮の首都平壌で建設中と伝えられた一〇〇階建てぐらいだったか、かの白い宮殿型ホテルと同じ形なのである。ひょっとすると北朝鮮が設計協力したのか、平壌のホテルがルーマニアの協力で建てられているのか、そのどちらかの可能性はありそうだ。ちなみにブカレストでその時開かれた共産党の記念大会では、友好国としてリビア、イラクと並んで北朝鮮が紹介されていた。ブカレストの都心はこうした宮殿が建設中なのに対し、市内のホテルなど主な建物に燃料がない、商店に商品がない。また、車で二〇分も走れば田園地帯が続く郊外なのだが、干草を積んだ馬車が通り、古い家の古い煙突からは煙が上り、まるでそこはロシアのトルストイの小説に出てくる風景のようだった。

北朝鮮の国内の様子はなかなか窺い知れないが、チャウシェスク体制崩壊前のブカレストの様子とあまり変わらないかもしれない。物不足、食糧不足で国民が困窮している一方で、独裁者の金正日ファミリーは豪華な生活を楽しんでいるのであろう。金正日は今後「核兵器の脅し」を使った瀬戸際外交で、「体制の保障」を求めてくるだろうが、拉致問題で取引など考えられない日本としては、それは受けられないところだ。イラクのあと世界の最大の焦点となるのは間違いないものと見られるが、北朝鮮問題は今後数年、ひょっとするともっと長く膠着状態が続き、平和のための話し合いの一方で軍事的緊張が高まっていくものと想像される。

(五) 文明の衝突の回避は可能か

さてこのようにソ連崩壊後の世界を見てみると、ロシア国内が宗教に回帰しているように、またアフガニスタンやイラクでイスラム過激派がアメリカをターゲットに変えたように、また旧ユーゴで宗教戦争が、またそれを利用する動きがあったように、イスラエルで宗教政党が勢力を拡大しているように、日本で新興宗教が静かに浸透しているように、宗教がマルクス主義に代わって台頭してきているといってもいいだろう。というより、マルクス主義が姿を消し始め、かつてそれがなかった時代に帰っているといってもいい。はたして世界に争いはまだまだ続きそうだが、人類は再びかつてのように宗教戦争を繰り広げるのだろうか。あるいは、アメリカとアルカイダのように文明の対決の様相を呈するのだろうか。米英豪とイラクの戦争がアングロサクソンとアラブ・イスラムの戦いにまで発展しハンチントン氏のいうように文明の衝突にまで発展してしまうのであろうか。対テロ戦争の対象であるイスラム過激派と、対テロ支援国家戦争の対象であるイラクやイラン・北朝鮮などイスラム教国・アラブ国家と、キリスト教国なかでも米英などアングロサクソンとの文明の衝突になるのであろうか。

現象としての部分的・限定的な文明の衝突は、現に起こっていることだが、それが大きなどうしようもない対決まで進むには、まだ十分時間があるとみるべきだろう。確かに今のウサマ・ビンラディン対アメリカ、イラクのフセイン独裁政権対アメリカの戦いには、イスラム社会・アラブの人々の反アメリカの支援がある。これがこのまま発展すれば、危険な兆候も出てくるかもしれない。

かつてアメリカは、北ベトナムに続いて南ベトナムが共産化されれば、東南アジア各国が次々と共産主義化されてしまうというドミノ理論を盾にベトナム紛争に介入した。しかしベトナムの民衆の支持を得られず、結局ベトナムから退却したが、東南アジアはドミノ倒しのようには共産化しなかった。ベトナム戦争の場合はアメリカの杞憂で、おおぜいの人々が亡くなった。アメリカも多くの自国の若者の命を失った。

「対テロ戦争」は、アメリカをはじめ世界各国のテロリスト封じ込め政策が奏功すれば、かなりの成果を得るに違いない。今後もテロはなくなることはないだろうが、少なくすることはできるだろう。しかしテロ封じ込めとともに必要なのは、イスラム過激派にイスラム教を利用させないことである。過激派と一般のイスラム教徒を結合させないことである。そのためには、貧困の解消策が欠かせない。

「対テロ支援国家との戦争」は、相手が国家だけになかなか難しい。イラクとの戦争に勝っても、先進国のように中産階級が多くを占めているわけではないイラクで、西洋的民主主義がそれほど簡単に根付くとは考えられず、イラクの民主化は時間がかかるだろう。文明の衝突にしないための解決法は、イスラム社会・アラブ社会にフセイン政権を倒してよかったと思ってもらうだけの施策を示すことだろう。その際、西洋的文明国家から見た「独裁政権打倒」「民主主義導入」はイラクやアラブの人々にはあまり評価されないだろう。多くのアラブの人たちの価値観では、これらは優先順位が低いように思えるからだ。やはり彼らの心の奥深くにある「貧困からの解放」「投資による産業の振興」が欠かせない。イスラム過激派やフセイン政権打倒というハード面のほかに、アラブ・イスラム社会への「経済的支援」「飛躍への手助け」がソフト面として欠かせないだろう。

それとともに欠かせないのが、イスラエルとパレスチナの二つの国家の共存だ。パレスチナのテロは当分続くかもしれないが、これまで双方が自国の首都と主張したため合意できなかった課題のひとつ「エルサレム」をイスラエル人とパレスチナ人の双方がアクセスできるようにし、パレスチナ国家独立へ少しでも近づくようアメリカが努力する姿勢を見せれば、アメリカへのアラブの人々の反発は減じることだろう。ブッシュ・ドクトリンは安全保障のためなら先制攻撃も辞さないが、軍事攻撃だけでなく和平のイニシアチブもそうあってほしいものだ。今回のイラク攻撃がイソップ物語の北風の役割なら、次には太陽の役割が必要だ。それがパレスチナ独立の仲介とアラブ各国への援助・投資拡大だ。

文明の衝突は強行策に続く懐柔策で避けられるはずである。

いや、避けねばならない。我々は本能の思うままだけに動く動物ではなく、人間なのだから。

おわりに

二〇〇三年三月二〇日に始まった米英のイラク戦争から一年が経った。イラクでは暫定統治評議会がスタートし、サダム・フセイン前大統領も捕らえられたが、依然米英軍への激しい抵抗が続いている。旧フセイン政権のイスラム教スンニ派を中心とするバース党の残党、フセイン政権崩壊後、キリスト教徒たる米英軍との戦いのためにやってきたアルカイダのグループ、それに加え政権崩壊直後には様子を窺っていたイラクの多数派イスラム教シーア派の武闘グループも、米英軍の早期撤退を求め、反米英闘争を始めている。

米英軍への抵抗は、スンニ・トライアングルと呼ばれる首都バグダッド周辺の三角地帯を中心に激しく、現時点で米英軍は地域を完全掌握できていない。今後イラク人への権力委譲、民主的政権の樹立などのスケジュールはあるが、イラク人による正式政権樹立が早期にできるかどうか微妙な情勢だ。米英軍は激しいテロ活動でイラク人の反発が予想以上に強く、止まないことに危機感を持ち、国連の介入による打開を図ろうとしている。

アフガニスタンは、首都カブールこそカルザイ政権が掌握しているものの、全土を掌握しているわけではなく、各地で米軍によるイスラム過激派アルカイダの残党掃討作戦が続き、頭目のウサマ・ビンラディンはまだつかまっていない。

イスラエルでは、迫害が続く旧ソ連・ロシアを逃れてきたユダヤ人たちの流入が続いている。彼らは新移民として、かつてヨルダン川西岸とガザの占領地のパレスチナ人が、イスラエル国内に毎日通いながらしていた仕事の多くを受け継いでいる。一方、そのためにパレスチナ人たちの仕事は減る一方で、経済的にもますます追い込まれている。

また、パレスチナ過激派によるイスラエル国民への自爆テロが止まないのに業を煮やしたイスラエルのシャロン首相は、ついに過激派の壊滅作戦に乗り出した。パレスチナ最強硬派ハマスの指導者ヤシン師を殺害、後継者として選ばれたランティシ氏も殺害、ついにイスラエルはパレスチナ過激派殲滅作戦に一歩を踏み出したことになる。

イスラム教徒とキリスト教徒、そしてユダヤ教徒。虐げられた時代、人々の心を救うために生まれた崇高なる宗教だが、それゆえに利用され、人々を不幸にしている面も否定できない。宗教は人を内面から救済する役割があるはずだが、組織として、あるいは国家ごとに同じ宗教である場合など、逆に人を束縛し、不幸にしている場合もあることは否定できない。強い立場にある集団も、弱い立場にある集団も、ともに宗教を利用しようとするのである。人々が日常生活の中で拠所にしていればいるほど、逆に利用されると怖いものとなるのである。

日本では、罪のない多くの人々の命を奪ったオウム真理教幹部たちの裁判が続き、極刑が相次いでいる。しかしその一方で新たなカルト集団も生まれてきている。ソ連崩壊後十三年、現在の資本主義・自由主義体制への矛盾を突き、虐げられた人々の心を捉えてきた社会主義への信頼の喪失で、再び新興宗教が人々の心を捉え始めている。しかし再び財産を奪う方法として、あるいは人を殺す手段として利用される恐れはないのか、心配は残る。

宗教は人々の心を救えるのか？　答えは「救える」である。ただし「一人ひとりの心の中においてのみ」。前述のように、組織や、地域や、民族や、国家などのまとまった集団では宗教は利用され、時には逆に人々を不幸にすることもあるのである。

解決法はないのか。「貧困の解消」も一つの解決法だろう。しかし貧困の解消は、なかなかむずかしい。「貧困の減少」ならより現実味がある。地球上の「南と北」「先進国と発展途上国」「豊かな人々と貧しい人々」。その差をなくすことは永遠に不可能だろう。ただ「差」を縮めることはできる。「差」を縮めようと努力することはできる。

宗教の名のもとに人々を駆り立て、利用し、目的のためには手段を選ばない過激派は、今後も決してなくなりはしないだろう。しかし彼らの思い通りにさせない方法もある。多くの人々に「過激派に追随したくない」と、あるいは宗教指導者に「聖戦の布告を出したくない」と思わせる方法、それが「貧富の差の縮小」「貧困解消への努力」なのである。

世界の指導者たちが政治の主眼にこれらの事柄を置き、メッセージを送れば、人々は「テロ」や「社会への攻撃」「殺人」などに加担する理由が見出せず、平和を取り戻すことが自分たちの道だと考えることだろう。文明の衝突、宗教の衝突を回避するため、そうした努力を、メッセージを送る努力を指導者たちに求めたい。

二〇〇四年五月

元ＪＮＮ中東特派員　原田健男

著者プロフィール

原田　健男（はらだ　たけお）

1952年生まれ。岡山県出身。関西学院大学法学部卒業。

TBS系のJNN（Japan News Network）に加盟する山陽放送（本社・岡山市）に入社。

報道部に所属し、放送記者として勤務。

1987年から1990年までJNNカイロ支局長。現在は四国支社報道部長。

聖戦布告　イスラムそして宗教

2004年7月15日　初版第1刷発行
2004年7月20日　初版第2刷発行

著　者　原田 健男
発行者　瓜谷 綱延
発行所　株式会社文芸社
〒160-0022　東京都新宿区新宿1－10－1
電話　03-5369-3060（編集）
03-5369-2299（販売）

印刷所　東洋経済印刷株式会社

ISBN4-8355-7662-4 C0095